北京市中小学科技活动教材
新科学探索丛书／神秘的宇宙

天上的火焰

——太阳的探索

TIANSHANGDEHUOYAN

北京市教育委员会
北京师范大学科学传播与教育研究中心
组织编写

北京师范大学出版集团
BEIJING NORMAL UNIVERSITY PUBLISHING GROUP
北京师范大学出版社

U0732113

图书在版编目（CIP）数据

天上的火焰：太阳的探索／吴志伟主编．—北京：
北京师范大学出版社，2009.8
（新科学探索丛书／李亦菲，崔向红主编）
ISBN 978-7-303-10357-7

Ⅰ.天… Ⅱ.吴… Ⅲ.太阳系－青少年读物 Ⅳ.P182-49

中国版本图书馆CIP数据核字（2009）第117405号

北 京 市 教 育 委 员 会
北京师范大学科学传播与教育研究中心   组织编写

出版发行：北京师范大学出版社 www.bnup.com.cn
　　　　　北京市新街口外大街19号
　　　　　邮政编码：100875
印　　刷：北京市大天乐印刷有限责任公司
经　　销：全国新华书店
开　　本：170 mm×240 mm
印　　张：8
字　　数：112 千字
版　　次：2009 年 8 月第 1 版
印　　次：2009 年 11 月第 1 次印刷
定　　价：22.00 元

责任编辑：张佳蕾　马　骋　张才曰　　选题策划：石　雷　张佳蕾
责任校对：李　菡　　　　　　　　　　　美术设计：红十月
封面设计：红十月　　　　　　　　　　　责任印制：吴祖义

近年来，随着科技教育理念的更新，我国中小学生的科技活动发生了重要的变化。从内容上看，日益从单纯的知识和技能的传授转向对科学方法、科学精神和技术创新能力的关注；从形式上看，日益从传授和训练类活动转向体验和探索类的活动；从途径上看，日益从课内外、校内外相互割裂的状况转向课内外和校内外相结合。这些转变对全面提高我国青少年的科学素养，使他们尽快成长为适应知识社会需要的创新型人才具有重要的意义。然而，以上转变的实现还受到科普和科技教育资源缺乏以及高水平师资力量短缺的制约。在资源方面，我国中小学校的科技活动长期采用"师傅带徒弟"的经验主义模式，缺乏系统的学习内容，也没有规范的教学指导用书和配套的工具器材；在师资力量方面，我国还缺乏一支专业化的科技活动教师队伍，绝大部分科学学科的教师只是关注知识的传授和训练，忽视科学方法和技术创造能力的培养。

值得欣慰的是，在一些办学条件较好和办学理念先进的学校中，在以科技教育为重点的校外科技教育机构中，活跃着一批长期致力于组织和指导学生开展科技活动的科技辅导教师。他们是特定科技项目的"发烧友"，每个人都有令人叹服的独门绝活；他们是学生科技活动的"引路人"，每个人都有技艺超群的得意门生。为了更好地发挥这些科技辅导教师的作用，北京师范大学科学传播与教育研究中心和北京市教育委员会体育美育处在科技教育新理念的指导下，组织北京市校外教育单位和中小学长期从事科技活动辅导的优秀教师、相关领域的科学家、工程师和工艺师等，对当前中小学校开展的各种科技活动项目进行了细致的分析和梳理，编写了这套《新科学探索丛书》。

这是一套适用于中小学生开展科技活动的新型科普图书，包括神秘的宇宙、航天圆梦、地球探秘、奇妙的生物、电子控制技术、创新设计、生活万花筒、模型总动员等 8 个系列，每个系列将推出 5~10 个分册。每个分册约包含 12~20 个课题，可用于一个学期的中小学科技活动选修课教学。为满足科技活动课教学的需要，每个课题都以教学设计的形式编写，包括引言、阅读与思考、实践与思考、检测与评估、资料与信息五个组成部分。

前言

1. 引言

提供一幅反映本课题内容的图片，并从能激发学生兴趣的实物、现象或事件出发，引出本课题的学习内容和具体任务。

2. 阅读与思考

以图文并茂的方式，提供与本课题有关的事件及相关人物、重要现象、基本概念、基本原理等内容，在确保科学性的前提下力求做到语言生动、通俗易懂。为了引导学生在阅读过程中积极思考，通常结合阅读内容设置一些思考性问题。

3. 实践与思考

提供若干个活动方案，指导学生独立或在教师指导下开展各种实践活动，主要包括科学探究、社会调查、设计制作、多元表达（言语、绘画、音乐、模型等）、角色扮演等类型的活动。活动方案一般包括任务、材料与工具、过程与方法、实施建议等组成部分。为了引导学生在活动过程中积极思考，通常结合活动过程设置一些思考性的问题。

4. 检测与评估

一方面，利用名词解释、选择题、简答题、计算题等试题类型，对学生学习本课题知识性内容的结果进行检测。另一方面，对学生在"实践与思考"部分开展的活动提供评估标准和评估建议。

5. 资料与信息

一方面，提供可供学生阅读的书籍、杂志、网站等资料的索引；另一方面，提供购买或获得在"实践与思考"部分开展的活动所需的材料和工具的信息。

虽然这套教材的编写既有基于理论指导的宏观策划与构思，又有源于实践积淀的微观设计与操作，但由于编写规模庞大、参与编写的人员众多，呈现在广大读者面前的各个分册出现不能令人满意的情况是难免的。在此真诚地希望使用本套丛书的教师和学生能对各个分册中出现的问题提出批评，也欢迎从事科技活动的优秀教师参与到本套丛书的编写和修改中来，让我们共同为提高我国中小学科技活动的水平，提高我国中小学生的科学素养做出贡献。

李亦菲

2007 年 6 月 30 日

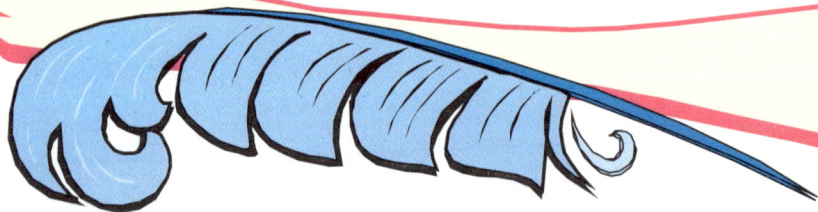

加强青少年科技教育是中小学的一项重要任务，积极开展青少年科技活动是对青少年进行科技教育的有效方法和重要途径。

随着基础教育课程改革的深入，许多学校开设了以研究性学习为主体的综合实践活动课程。新的课程体系为中小学生开展科技活动提供了必要的时间和广阔的空间。

科技活动是一项知识性、实践性和操作性都很强的教育活动。如何在科技活动中培养青少年的科学态度和科学精神，保证科技活动的科学性和规范性是教育工作者面临的重要课题。为此，北京市教育委员会体育美育处与北京师范大学科学传播与教育研究中心在联合开展课题研究的基础上，组织北京市100多所科技教育示范学校和校外教育机构的优秀科技教师，用3年时间研发了一套中小学科技活动教材——《新科学探索丛书》。

《新科学探索丛书》在编撰过程中，努力在"三个有机结合"上下工夫：首先，着力实现知识学习与动手操作的有机结合。在本套丛书的每个单元中，"阅读与思考"部分提供了图文并茂的阅读材料，使学生了解有关知识；"实践与思考"部分提供了简明实用的科技活动方案，以引导学生有序地开展科技活动。

其次，着力实现课（校）内学习与课（校）外拓展的有机结合。在知识性学习内容中，"阅读与思考"部分主要适合于课内讲解或阅读，"资料与信息"部分则主要适合于学生在课外阅读；在"实践与思考"部分所提供的活动方案中，既有适合于课（校）内完成的，也有适合于课（校）外完成的；在"检测与评估"内容中，检测部分主要适合于在课内进行测试，评估部分主要适合于在课外进行评估。

第三，着力实现科学学习和艺术欣赏的有机结合。本套丛书采用了图文并茂的写作风格，对文字和图片的数量进行了合理的调配，对图片进行精心的挑选，对版面进行细致的设计，使丛书的亲和力和感染力大为提高。

相信本套图书对丰富中小学生科普知识，提高中小学生的动手实践能力将大有裨益。愿本套图书成为广大中小学生的良师益友。◀

郭华

2009 年 7 月

灿烂的骄阳与壮丽的日食无不具有强烈的魅力，常使得我们怀着敬畏之心来探索它神奇的光芒。太阳是智力的火炬，无形的向导，它将指引着我们去领略它那神秘的火焰。

本书通过光谱、软件、手工制作、数码拍摄、诗歌、目视观测、理论计算、光学分析等多方位手段，让太阳这一伟大形象展现在我们的面前。可以说，本书不但是一本出色的天文读物，也是一本新世纪不可多得的天文教学的重要参考书。

参与本书编写的是星赞科技文化有限责任公司所组织的"星赞天文编写组"，其成员均来自一线著名学校的优秀天文教师、一线的天文普及与研究人员。他们的工作相当出色，在此表示由衷的谢意！

为了使本书内容更丰富、形式更活泼，书中采用了一些珍贵的图片，由于种种原因，我们没能与部分图片的著作权人及时联系上，恳请各位见书后能与我们联系，我们将依照国家的有关规定及时付酬。在此也特别感谢各位对我们的理解和支持！

目录

世界的主宰

我是世界的主宰，原始生命的初生，无名事物的初名。我是岁月的王子，我的躯体是永恒，我的形态是无尽。请用这个名字呼唤我：太阳！

阅读与思考

在古希腊的神话中，太阳之神阿波罗（Apollo）是天神宙斯（Zeus）之子。神后赫拉（Hera）残酷地迫害其母勒托（Leto），致使她四处流浪，并在一个岛上艰难地生下了太阳神。赫拉知道后就派巨蟒去杀害勒托母子，但没有成功。后来，勒托母子又回到众神的行列，赫拉不敢再与他们为敌。阿波罗为母报仇，用他的神箭射死了给人类带来无限灾难的巨蟒。杀死巨蟒后他十分得意，在遇见爱神厄洛斯（Eros）时讥讽他的小箭没有威力，于是厄洛斯就用一支燃着恋爱火焰的箭射中了阿波罗，而用一支能驱散爱情火花的箭射中了阿波罗的女友仙女达佛涅（Daphne），要令他们痛苦。达佛涅为了摆脱阿波罗的追求，把自己变成了月桂树，不料阿波罗仍对她痴情不已。从那以后，阿波罗就把月桂作为饰物，桂冠成了胜利与荣誉的象征。每天黎明，太阳神阿波罗都会登上太阳金车，拉着缰绳，高举神鞭，巡视大地，给人类送来光明和温暖。所以，人们把太阳看做是光明和生命的象征。

直到18世纪末，人们对太阳的了解依旧很少。那时的人们以为太阳也像行

身背神箭的阿波罗与达佛涅（版画）

国外发行的太阳神阿波罗纪念币

威廉·赫歇尔

星一样，表面是岩石。就连天王星的发现者威廉·赫歇尔也认为：太阳内部的球体像大行星一样是寒冷的固体，发光的表面是一层厚厚的大气，上面盖着耀眼的彩云。后来，施罗特尔把威廉·赫歇尔所讲的这层大气称为"光球"，这个名称一直沿用至今。

现在，我们已经知道，太阳是太阳系的中心天体，是一颗恒星，也是离地球最近的一颗恒星。太阳是一颗中等质量的充满活力的壮年星，它处于银河系内，位于距银心约10千秒差距的悬臂内，银道面以北约8秒差距处。

太阳的直径为 13.92×10^5 千米，是地球的109倍。太阳的体积为 1.41×10^{18} 亿立方千米，是地球的130万倍。太阳的质量近 2.0×10^{27} 吨，是地球的33万多倍，它集中了太阳系99.865%的质量，是个绝对至高无上的"国王"。

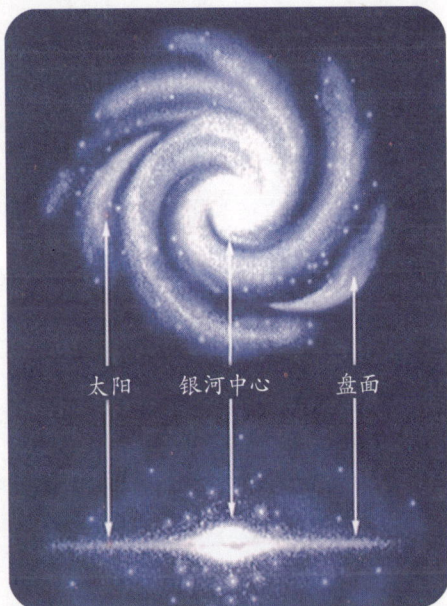

太阳　银河中心　盘面

太阳的位置

太阳系

太阳是个炽热的气体星球，从中心到边缘可分为核心区、辐射区、对流区和大气层。

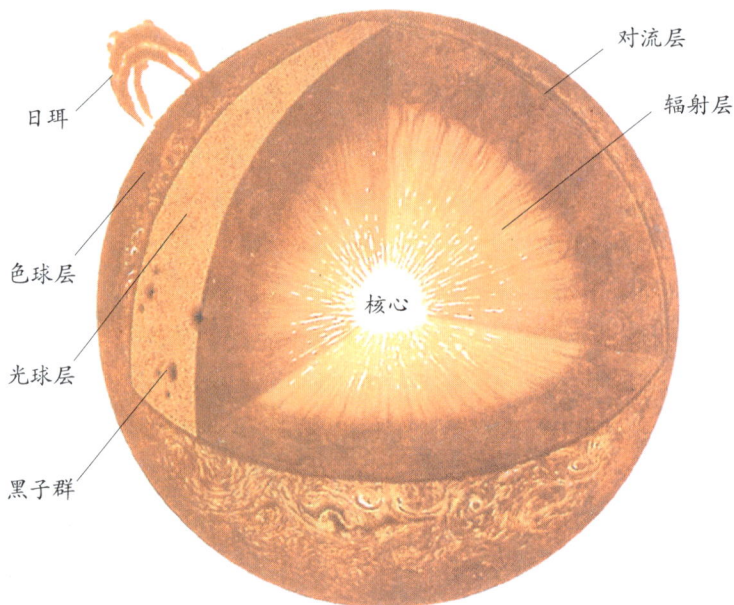

太阳内部结构图

太阳大气层从内到外可分为光球、色球和日冕三层。光球层意为发光的球体，其表面是气态的，平均密度只有水的几亿分之一。光球层厚约500千米，我们所见到的太阳的可见光，几乎全是由光球发出的。光球表面有颗粒状结构——"米粒组织"。光球上比较亮的区域叫光斑。

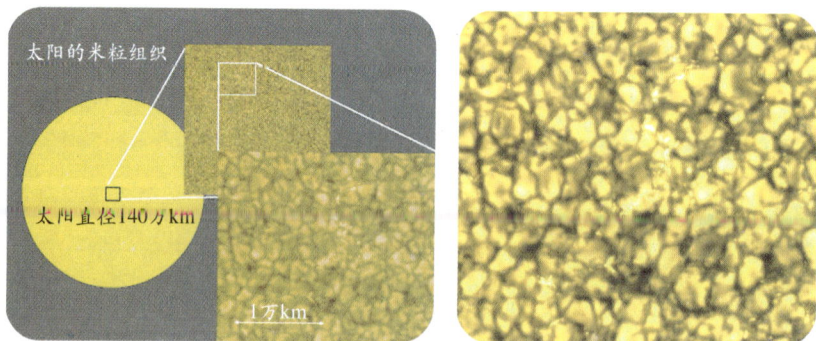

太阳光球上的"米粒组织"

从光球表面到2 000千米高度为色球层，色球层意为彩色的球体。它只有在日全食时或用色球望远镜才能观测到，色球层有谱斑、暗条和日珥，还时常发生剧烈的耀斑活动。

色球层之外为日冕层，它温度极高，延伸到数倍太阳半径处，用空间望远镜可观察到X射线耀斑。日冕层上有冕洞，而冕洞是太阳风的风源。日冕需要在日全食时或用日冕仪才可观测到。

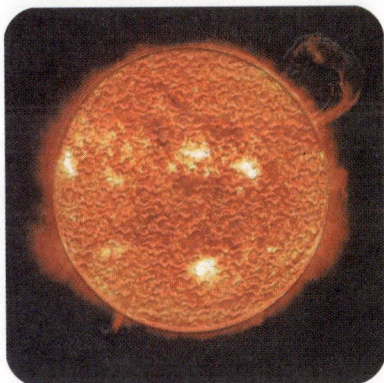

太阳色球   日冕

思考1：在什么情况下可观测到色球层与日冕？

太阳能量的99%是由位于中心的核心区的热核反应产生的。太阳中心的密度和温度极高，那里发生着氢聚变为氦的热核反应，而该反应足以维持100亿年，因此太阳现在正处于中年期。太阳大气的主要成分是氢（质量约占71%）与氦（质量约占27%）。

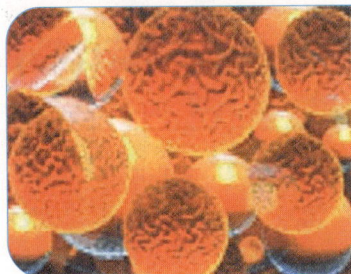
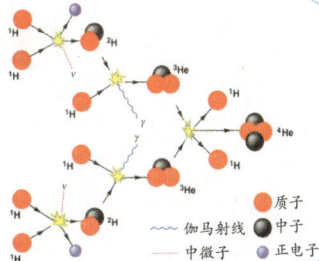

太阳内部的核聚变

思考2：太阳的哪一部分发生核聚变？

太阳是能量的供给者、独特的天体试验室。它是一个神秘的世界，从那里我们可以看到最壮美的景象与最难理解的现象，了解和研究它能使我们重新认识世界上万物和谐的根源。

实践与思考

活动 1 日出和日落的观测

活动任务

太阳是距离我们最近的恒星，是天空中最亮的天体，也是最方便观测的天体。找两个固定的位置，一个可以看到日出，一个可以看到日落。选两个周末，分别做一下日出和日落的观测。

活动提示

注意做记录：观测地点、观测的准确时间（年、月、日、时、分、秒）、日出和日落的方位角（以南点为起点，顺时针方向测量）。

思考 3：方位角是什么？能否在天文词典中查到？

活动 ② 测量太阳的大小

活动任务

　　使太阳光垂直照射在一块遮光板上，板上有可以自由收缩的正方形孔，在孔的后面放置一个光屏。在正方形孔逐渐变小直至闭合的过程中：在光屏上先是看到一个太阳的像；孔继续减小时，光开始出现明显的衍射现象，屏上出现明暗相间的彩色条纹；最后，孔继续减小至闭合时，由于进光量的减少，衍射条纹变暗直至消失。因为太阳是圆的，所以它通过小孔成的像也是圆的，而与小孔的形状无关。

活动步骤

　　❶ 取一张厚的白纸，在上面依次开 6 个方孔，然后将其粘在一个木框上作为遮光板。

　　❷ 取一个木板，在上面粘一张白纸作为光屏。

　　❸ 将遮光板垂直对准太阳，在光屏上得到光斑。逐渐增大光屏和遮光板距离，记录太阳通过各正方形孔在不同距离上的亮斑情况。

　　❹ 测得孔屏距离 L，圆斑的直径，由此估算太阳的半径。

亮斑形状 d(m)	0.06	0.32	0.78
L(m)			
0.2	方	圆	圆

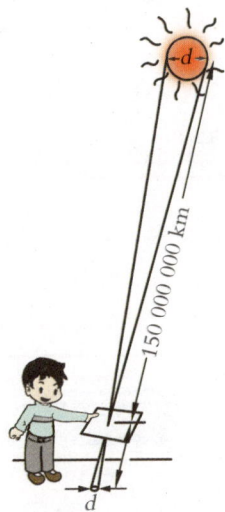

活动 **3** 依图查找太阳的神话，用画笔绘制自己心目中的太阳

埃及的神话

希腊的神话

检测与评估

1 查找中国的太阳神与关于它的诗歌。

2 画一幅自己心中的太阳。

3 已知太阳到地球的距离约为 1.5×10^{11} 米。根据活动 2 所测得 $L = 4.3$ 米，圆斑的直径约为 4.0 厘米，利用三角形相似原理估算太阳的半径。

资料与信息

1 S.J.英格利斯. 行星 恒星 星系 [M]. 北京：科学出版社，1979.

2 E.G.吉布森. 宁静太阳 [M]. 北京：科学出版社，1981.

提示与答案

阅读与思考

思考1：略。

思考2：略。

检测与评估

① 中国古代神话中的东君，也被认为是太阳神。著名诗人屈原在《九歌》中的第七篇《东君》中所歌颂的神灵即为太阳神。

九歌·东君 （屈原）

暾将出兮东方，照吾槛兮扶桑；抚余马兮安驱，夜皎皎兮既明；

驾龙辀兮乘雷，载云旗兮委蛇；长太息兮将上，心低徊兮顾怀；

羌声色兮娱人，观者憺兮忘归；緪瑟兮交鼓，萧钟兮瑶簴；

鸣篪兮吹竽，思灵保兮贤姱；翾飞兮翠曾，展诗兮会舞；

应律兮合节，灵之来兮敝日；青云衣兮白霓裳，举长矢兮射天狼；

操余弧兮反沦降，援北斗兮酌桂浆；撰余辔兮高驰翔，杳冥冥兮以东行。

② 略。

③ 根据三角形相似比

R（太阳半径）$/r$（圆斑半径）$= S$（日地距离）$/L$（孔屏距离）

R（太阳半径）$= S$（日地距离）$\times r$（圆斑半径）$/L$（孔屏距离）

$\qquad = 1.5 \times 10^{11} \text{m} \times 0.02 \text{m} \div 4.3 \text{m}$

$\qquad = 6.97674 \times 10^{8} \text{m}$

2 两小儿辩日
LIANGXIAOERBIANRI

晴朗的早晨，一轮红日从东方冉冉升起，看它又红又大，但为何中午又变小矣？两小儿辩之，孔子路过而不能决也。两小儿笑曰："孰为汝多知乎？"

阅读与思考

天文学与人类的生产、生活紧密相关，这使得古代的天文学成为各类自然科学中发展最早的科学。中国古代，天文学取得了辉煌的成就，这得益于人们对天文学的重视。"上知天文"一向是衡量人的才学的重要准则，各代朝廷中也专门设置有主管天文的机构和官员。无论是民间还是在"经史子集"之内，有关天文方面的记录比比皆是，这使得我国成为古代天文记录最丰富的国家。

还有一些文章，本意并非记录天文事件，但是其中的内容也涉及了天文学方面的问题，从侧面反映了当时人们对天文现象的关注以及对这些表面现象的本质原因的思考。《两小儿辩日》的故事就是一例。

两小儿辩日

孔子是我国历史上著名的教育家、思想家，他博学多才，被尊为"圣人"。有人说，"一事不知非圣人"，但是这个关于天文的问题却把他难住了。请你阅读下面的短文，回答后面的问题。

孔子东游，见两小儿辩斗，问其故。

一儿曰："我以日始出时去人近，而日中时远也。"

一儿以日初出远，而日中时近也。

一儿曰："日初出大如车盖。及日中，则如盘盂，此不为远者小而近者大乎？"

一儿曰："日初出沧沧凉凉，及其日中如探汤，此不为近者热而远者凉乎？"

孔子不能决也。两小儿笑曰："孰为汝多知乎？"

思考1：你能读懂这篇古文吗？请你联系上下文，解释带有"＿"的字词，然后把短文译成白话文。

孔子不能判断哪种说法正确，遭到了他们的耻笑。你怎样看待这件事？对于这个问题，我们可以从多个角度考虑。

● "金无足赤、人无完人"，被尊为"圣人"的孔子也不例外。所以说，学无止境，任何人都不能满足于现状。

● 所谓"知之为知之，不知为不知，是知也"。回答不出问题并不能说明一个人"无知"，知道的就是知道，不知道的就是不知道，不可不懂装懂。

● 两个小孩儿能坚持自己的观点，并且提供了支持自身观点的证据。他们对自然现象的关注、思考以及"刨根问底"的探究态度都是值得肯定的。

两个小孩儿谁说得更有道理呢？

"近大远小"和"近热远凉"是人们在生活中总结出来的规律，都是正确的，但是用它们来解释太阳的远近就不合适了。你肯定知道：中午热是因为太阳的直射，但不能因此就认为中午的太阳离地球近。不过，初升的太阳是否比中午的太阳大，是一个值得探讨的问题。

实践与思考

活动 1 初升的太阳是否比中午大

活动任务

为什么初升的太阳看起来很大，而升上高空以后就显得小了许多呢？因为升高以后的太阳光芒刺眼，很难看清它的轮廓。月亮就不存在这个问题了，我们可以明显地感觉到——地平线上的月亮比高空中的月亮大很多！

事实是这样吗？为了更加科学地对太阳的大小进行测量，我们可以利用摄影的方法记录下太阳的大小。

活动步骤

运用前面学习过的方法拍摄日出和正午太阳的照片。拍摄工作应当安排在同一天、同一地点，使用同一架望远镜、同一台照相机拍摄。如果你采用"目镜法"进行拍摄（不卸掉照相机镜头），还要注意锁定镜头的焦距。

活动提示

再次强调：除了日出、日落的时刻之外，不要直接用望远镜观察或用照相机拍摄太阳！

思考 2：把拍好的太阳照片用尺子量一量，它们的大小有差异吗？

活动 2　视觉上的趣味思考

活动任务

通过以上研究你发现了什么？对这个问题你怎样解释？

不要小看这个问题，很多人还在讨论它，并且提出了多种解释。归纳起来，有以下几种观点：

观点一：这是视觉的误差、错觉

同一个物体，放在比它大的物体群中显得小，而放在比它小的物体群中显得大。太阳从地平线上升起时，周围是远方的树木、房屋和远山等景物，在这样的对比下，太阳就显得大；而中午的太阳高高升起，周围是广阔无垠的天空，此时的太阳就显得小了。

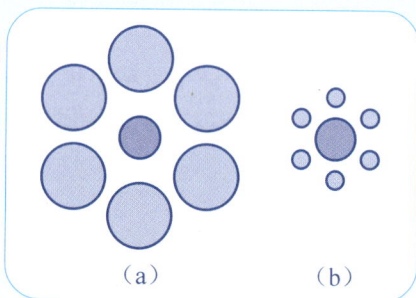

（a）　　　　　　（b）

由于视觉的误差，图中紫色圆点的大小看起来发生了变化

观点二：这是光渗作用造成的

大小相同的物体，白色的看起来总是比黑色的大一些，这种物理现象叫做"光渗作用"。初升时，太阳格外明亮；而到了中午，背景是万里蓝天，太阳与其亮度反差不大，就显得小一些了。

光渗作用示意图

观点三：这是眼球调节的结果

早晨太阳位置低，我们观察时眼睛是平视的，眼球中的晶状体保持正常的状态，凸起程度较小，焦距较大，太阳透过晶状体在视网膜上成的像也较大。而中午我们观察太阳则需要抬头仰视，由于受头颈弯曲程度的限制，太

活动任务

阳光不能直射进入人眼，我们看太阳时是斜视的，为了在视网膜上得到清晰的像，晶状体便会不由自主地凸起来，使其焦距变小，在视网膜上所成的像便会变小些，所以仰视时会觉得太阳小一些。如果我们中午躺在地上戴着太阳镜看太阳，会觉得比站着时看到的太阳稍大些。

躺在地上，戴着太阳镜看太阳

观点四：大气折射的缘故

当阳光从太空的真空环境进入大气层时，便会发生折射，虽然方向的变化很微小，却能够改变太阳在人眼中的形状。但是如果按照这样的观点来解释，初升的太阳看起来不应该是大一些，而是会小一些！

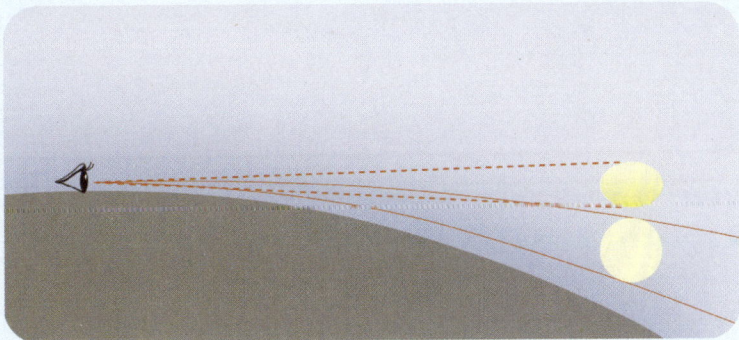

折射改变了太阳的形状

观点五：云雾散射的缘故

低空大气稠密，尘埃、云雾密集。当阳光透过云雾照射大地时，经过云雾的散射，太阳的轮廓不再清晰，并且会如波浪一般向外扩散，看起来似乎变大了。

思考3：哪一种解释最合理，是初升的太阳看起来大的主要原因？哪一种解释不合理？你能想办法证明你的判断吗？

活动 ③ 太阳何时离地球更近

活动任务

日、地之间的距离有远近之分，只不过这个距离的差异相对于太阳和地球之间的距离是微不足道的。请你查阅相关数据（如地球的半径、地球的自转速度以及公转周期、公转速度等参数），算一算早晨和中午的太阳，哪一个离地球更近一些。

检测与评估

① 请从近处、远处分别看下图，你认为右面的黑点跟左面两个黑点之间的空隙里，能够容纳几个一样大小的黑点？

远处看和近处看的感觉一样吗？用尺子或其他工具进行测量，看你的判断是否准确。你发现光渗作用的规律了吗？

2 根据你对光渗作用的理解设计几幅简单图案，看谁的作品效果最明显。请把你最满意的作品画下来。

3 初升或西下的太阳为什么又大又扁？

资料与信息

中国天文学史整理研究小组天文史话编写组. 天文史话［M］. 上海：上海科学技术出版社，1981.

提示与答案

阅读与思考

思考1：略。

实践与思考

思考2：略。
思考3：略。

检测与评估

1 略。

2 略。

3 你看到的太阳的"大"是一种视觉上的错觉，其实其大小未变。你看到的太阳很"扁"不是错觉，是大气折射的缘故。因太阳视直径30″，受折射影响后，其上边缘为29″，下边缘为35″，上下相差6″，竖向直径缩短了，而它在水平方向上的折射没有发生变化，所以它看起来呈扁圆形。

3 神的足迹
SHENDEZUJI ○ ○

古老的大地戏弄着太阳光线的精灵，它们互相拥抱。光辉的太阳升起来了，又照常地向西方滚动而去。亲爱的人们呀，你何曾看见它的足迹！

阅读与思考

古希腊神话中，太阳是光明与希望之神阿波罗的化身。时至今日，我们仍对这颗给我们带来一切的银河系中普普通通的恒星充满敬畏，太阳在我们心中永远是神的化身。让我们跟随神的足迹，追寻光明与希望。

一、太阳的周日视运动

我们每天能看到太阳东升西落，亘古不变，那是因为我们的地球时时刻刻都在自转。可能你会说："我明明看到太阳东升西落，是太阳在运动呀！"没错，但我们看到的现象其实只是我们视觉所感受到的太阳运动——太阳的周日视运动。

二、太阳的周年视运动

地理课中我们已经了解到地球的赤道是怎么回事了。那么，我们现在再想象一下，将地球的赤道圈无限地扩大，通过平面几何知识，可以由地球的赤道圈确定一个无限大的平面。现在我们已经知道地球的公转轨道是呈椭圆形的，那么根据这个椭圆同样可以确定一个平面，这两个平面相交的交角大约是23.5°（黄赤交角）。这一角度的存在，说明地球始终是倾斜着围绕太阳进行公转，而且地球的自转轴在相对较短时间内始终指向同一方向，这就使我们看到了太阳一年内在天空中画出的奇妙轨迹。

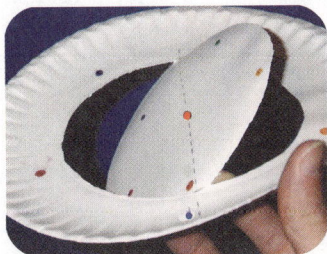

一年中我们视觉感受到的太阳运动被称作太阳的周年视运动。说到这里，我们可以揭开黄道（地球的公转轨道无限延伸后与假想天球相交的大圆圈）十二星座的奥秘了。在大家的印象中，黄道十二星座常常与占卜、算命之类的迷信说法联系在一起，这十二个星座到底是怎么回事呢？想象一下，如果太阳不发光的话，我们就可以看到太阳后面的背景星空，当然，背景星空是属于某些星座的。地球围绕太阳公转，我们从地球上看去，太阳就好像是在星空中穿梭运动一样，这一运动非常有规律，它的速度与地球的公转速度一致。运动一周，太阳就会穿越十二个星座（实际有十三个，太阳也穿过蛇夫座，但它被忽略掉了），这十二星座就是黄道十二星座。太阳穿越十二星座的周期就是地球围绕太阳公转一周所花的时间，也就是一年。

三、不同纬度处太阳的视运动轨迹

让我们先来了解一个新的概念——"赤纬"。我们站在地球上，如果将地球的赤道无限延伸到天球上，与天球相交的圆圈即称为天赤道。我们把地球的赤道规定为地理纬度0°，南北各分90°，比如北京位于北半球40°，就是说北京的地理纬度是北纬40°。

天文学家为确定天体的位置，发明了"赤道坐标系"，其中描述天体纬度坐标的量就是"赤纬"。同样以天赤道为赤纬0°，南北各分90°。实际上，正因为黄赤交角的存在，使得我们从地球上看太阳在赤纬正负23.5°之间成周期性运动，完成一个运动周期同样是一年的时间。

明白了这一点，你就会明白为何北半球在夏天正午时的太阳很高，而在冬天正午时的太阳比较低了。但是，在地球上不同纬度的地方，看到的太阳的位置是不一样的。比如在赤道附近，一年会有两次的正午太阳位于头顶，而在北京永远也看不到太阳位于头顶。当北京地区看到太阳最高的时候，南半球相对的同一位置看到的太阳却最低。

思考1： 请大家想一下在地球的两极，太阳的情况是怎样的。

一年中有四个时期应该记住，分别是3月21日前后（春分）、6月22日前后（夏至）、9月23日前后（秋分）、12月22日前后（冬至）。春分和秋分时，太阳位于天赤道上而直射地球赤道，夏至时地球北纬23°26′（北回归线）以北的地方，正午时分的太阳达到全年中的最高点，南半球则达到全年中的最低点。冬至时，北半球的正午太阳高度达到一年之中的最小值，南半球南纬23°26′（南回归线）以南的地区则达到一年中的最大值。

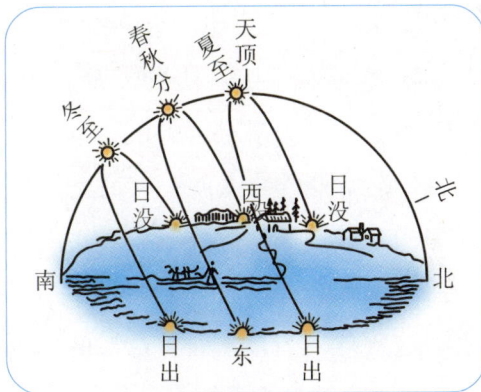

思考2：为何在地球上正午时看到的太阳位置是不同的？

也许你被上面讲述的原理弄得一头雾水，没关系，让我们在后面的实践活动中，结合Starry Night软件的演示，直观地观察一下太阳是怎样运动的。

四、太阳与历法

人们依据太阳的回归运动周期，以365.242 2日作为一个回归年，并以此为基础制定出有关历法——阳历。

现今世界通行的公历（又称格里历）就是一种阳历，其历年采用公元纪年，以基督耶稣诞生为公元元年，每年的岁首称为元旦（太阳黄经280°）。按照此阳历置历，由于平年为365日，比回归年的长度短了0.242 2日，这样每400年就有97天的误差，所以阳历需要在400年中安排97个闰年（闰年为366日）。其方法是每四年就设置一个366天的闰年，每100年少闰一次，这样每400年就可以减去3个闰年。因此在400年中，阳历仅比回归年多0.12日，3 300多年才差1日，到时再减少一个闰年即可。此方法简单易记，只要公元年数能被4整除者即为闰年（366日），逢百的公元年数能被400整除者，方为闰年。

如1900年能被4整除却不能被400整除，所以它是平年（365日），2000年可以被4和400整除，则是闰年（366日）。

由于阳历（格里历）是完全按照太阳的回归运动来确定历年的长短，每一月份与日期都与太阳在黄道上的位置较好地相符，且精度较高，所以它已成为当前世界通行的公历。

中国现行的历法中有一种特殊的阳历，它同太阳回归运动有着密切联系。这就是中国古老而又奇特的二十四节气。

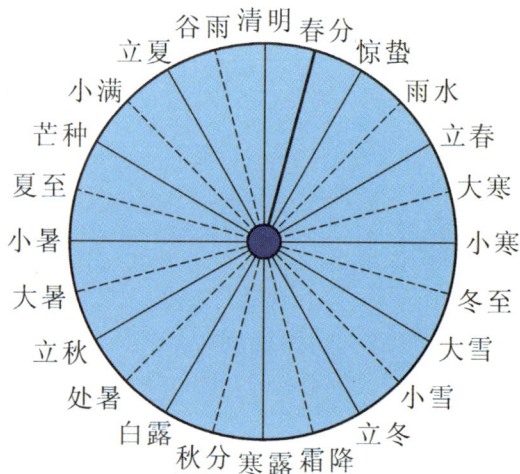

秦汉时期形成了沿用至今的二十四节气，它是以太阳在黄道上的位置确定的。从春分点开始，将黄道上每隔15°的点设置为一个节气，共二十四节气。当太阳运行到其中的一个点时，就是交节时刻。每天一页的日历中常常会标示出交节时刻。每过24个节气，就是一年。古代一年的开始是冬至。节气能更好地体现气候的季节变化，让农民更准确地掌握农时。

从太阳的黄经零度起，沿黄经每运行15°所经历的时日称为"一个节气"。太阳每年运行360°，共经历24个节气，每月2个。其中，每月第一个节气为"节气"，即立春、惊蛰、清明、立夏、芒种、小暑、立秋、白露、寒露、立冬、大雪和小寒12个节气；每月的第二个节气为"中气"，即雨水、春分、谷雨、小满、夏至、大暑、处暑、秋分、霜降、小雪、冬至和大寒12

个中气。"节气"和"中气"交替出现，各历时15天，现在，人们已经把"节气"和"中气"统称为"节气"。

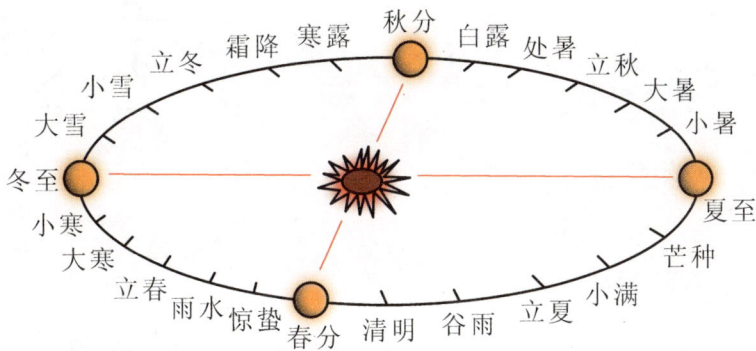

每个节气的含义如下：

立春：立是开始的意思，立春就是春季的开始。

雨水：降雨开始，雨量渐增。

惊蛰：蛰是藏的意思。惊蛰指春雷乍动，惊醒了蛰伏在土中冬眠的动物。

春分：分是平分的意思。春分表示昼夜平分。

清明：天气晴朗，草木繁茂。

谷雨：雨生百谷。雨量充足而及时，谷类作物能茁壮生长。

立夏：夏季的开始。

小满：麦类等夏熟作物籽粒开始饱满。

芒种：麦类等有芒作物成熟。

夏至：炎热的夏天来临。

小暑：暑是炎热的意思。小暑就是气候开始炎热。

大暑：一年中最热的时候。

立秋：秋季的开始。

处暑：处是终止、躲藏的意思。处暑是表示炎热的暑天结束。

白露：天气转凉，露凝而白。

秋分：昼夜平分。

寒露：露水已寒，将要结冰。

霜降：天气渐冷，开始有霜。

立冬：冬季的开始。

小雪：开始下雪。

大雪：降雪量增多，地面可能积雪。

冬至：寒冷的冬天来临。

小寒：气候开始寒冷。

大寒：一年中最冷的时候。

二十四节气反映了太阳的周年视运动，所以在现行的公历中，节气的开始日期基本固定，上半年的开始日期在6日、21日，下半年的开始日期在8日、23日，前后相差1～2天。

为便于记忆，人们编出了二十四节气歌：

二十四节气歌

春雨惊春清谷天，夏满芒夏暑相连，

秋处露秋寒霜降，冬雪雪冬小大寒。

实践与思考

活动 ① 追随神周日视运动的轨迹

活动任务

我们心目中的太阳是万物的主宰、至高无上的创世之神，但实际上，太阳在宇宙中只是普通的一员。让我们用Starry Night软件看看太阳及其运动情况吧。

活动步骤

点击工具栏中时间栏下面的"sunrise（日出）"按钮，软件便将当天早晨日出时的情景展现在我们面前，然后点击左侧竖排菜单中的Find→双击sun，此时崭新的太阳就会出现在画面中央。将鼠标移向太阳然后点击鼠标右键，在弹出的菜单中选择Local Path（本地路径），然后停止软件的实时运动显示，根据自己的喜好调整运动速率，一般选择3000×比较合适。设置好以上功能后，重新开动软件，你将看到太阳从东方徐徐升起，在它经过的地方划出了一条长长的轨迹，而且软件会平均每隔10分钟左右自动标注出太阳在天空中的不同位置（如图）。太阳一天的周日视运动已经一目了然，试着模拟一下太阳在一年当中四个特殊日期（春分、夏至、秋分、冬至）的周日视运动，看看其运动轨迹有何特点。

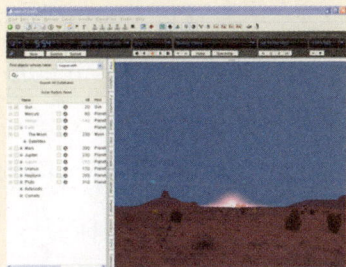

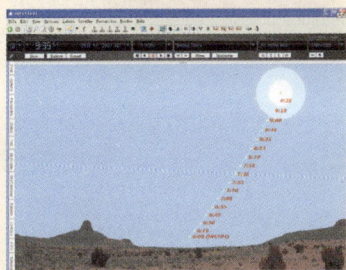

活动 ② 穿越十二宫殿的使者

活动任务

太阳在一年当中是怎样穿越十二星座的？让我们用Starry Night软件呈现出来。

活动步骤

打开Starry Night软件，点击左侧竖排菜单中的Favourites（收藏）→Guides（向导）→Constellations（星座）→13th Sign of Zodiac（黄道13星座

活动步骤

标注）。完成以上操作后，画面便会显示出目前太阳所在黄道星座的位置（如图）。为了能够看清太阳在黄道上的整个运动过程，我们需要关闭地景，点击上面的工具栏中的 ♠ 图标即可。然后在速度工具栏中把速度调为Sidereal（恒星日）。

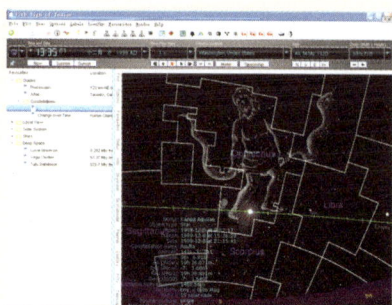

思考3： 文中所提到的恒星日与我们前一册所学的恒星时有何关系？

活动提示

注意，我们必须将太阳定位在画面中间，这样在重新开启软件运动的时候太阳就不会离开我们的视野了，只需将鼠标移向太阳后单击右键→Centre（中间）。然后开启软件运动演示，我们便可以看到太阳在黄道上运行的情景，当太阳运行到每个星座的时候，软件会自动显示该星座的图标和图形。你可以注意一下，当太阳再次运行到同一星座的时候时间有何变化？这一周期是多长时间？

活动 3 用有趣的历法公式确定某日是星期几

活动任务

某一天是星期几？关于这个问题，有个著名的蔡勒（Zeller）公式，即

$w=y+[y/4]+[c/4]-2c+[26(m+1)/10]+d-1$。

式中的符号含义如下，w：星期；c：世纪-1（前两位数）；y：年（后两

活动任务

位数）；m：月（m大于等于3，小于等于14，即在蔡勒公式中，某年的1、2月要看做上一年的13、14月来计算，比如2003年1月1日要看做2002年的13月1日来计算）；d：日；[ ]代表取整，即只要整数部分。

算出来的w除以7，余数是几就是星期几。如果余数是0，则为星期日。

活动步骤

以2049年10月1日（100周年国庆）为例，

用蔡勒（Zeller）公式：

$w = y+[y/4]+[c/4]-2c+[26(m+1)/10]+d-1$

$= 49+[49/4]+[20/4]-2 \times 20+[26 \times (10+1)/10]+1-1$

$= 49+[12.25]+5-40+[28.6]$

$= 49+12+5-40+28$

$= 54$ （除以7余5）

即2049年10月1日（中国100周年国庆）是星期五。

不过，以上公式只适合于1582年10月15日之后的日期。

检测与评估

❶ 灵活操作 Starry Night 软件。

❷ 背诵二十四节气歌。

❸ 利用蔡勒公式计算 2007 年 11 月 20 日是星期几。

❹ 了解公历的简史。

资料与信息

❶ 宋宇莹. 天文软件Starry Night寻宝［M］. 天文爱好者，2004（10）.
❷ 李东生. 中国古代天文历法［M］. 北京：北京科学技术出版社，1995.

提示与答案

阅读与思考

思考1：略。

思考2：略。

实践与思考

思考3：略。

检测与评估

❶ 略。

❷ 略。

❸ 星期二。

❹ 公元纪年是现在世界通用的纪年法，简称公元。但是在公元纪年中，时间并不是连续的。公元纪年法实际上始于16世纪。当时，欧洲通用的历法是奥古斯都历，其前身是儒略历（儒略历在天文观测中有重要意义，现在仍在使用），创始于公元前46年。

奥古斯都历使用的平均历年长度为365.25日，有平年和闰年，平年365日，闰年366日，4年一闰。

奥古斯都历比地球围绕太阳运行一周的实际时间（即一个回归年）长了0.0078日，别看这一点点误差，1600多年过去后，误差就相当大了，1582年，春分已经从3月下旬提早到了3月11日。

为了修正历法的误差，10月4日，教皇格里高利十三世（Gregory XIII）命令以次日为10月15日，并命人修订历法，以公元纪年为标准，以传说中耶稣的诞生之年为起始年，即公元元年（1年）。此种历法的全称为"格里高利历"，简称"格里历"或"公历"。20世纪20年代，公元纪年法开始成为世界通行的历法。

金色的指引 4
JINSEDEZHIYIN ○○○○

你的瞬息在我的躯体中，而你的形象安息在人们的庙堂里，隐秘而又显耀。你知道年的名字和季候，但我们，无论何等高贵，却不能知晓。岁月为你在不断的过去中回转，而你的光辉却指引着我们走向时间的终点。

阅读与思考

1276年，元世祖忽必烈决定编制新历，郭守敬到太史局从事编制新历工作。郭守敬认为，制定历法的根本在于实际观测，而观测用的仪表是需要首先改进的。仪是浑仪，表是圭表。圭表是什么？郭守敬又是如何改进它的呢？

很早以前，人们发现房屋、树木等物体在太阳光的照射下会投射出影子，这些影子的变化具有一定的规律。于是人们便在平地上直立一根竹竿或石柱来观察影子的变化，这根立竿或石柱就叫做"表"。大约在殷商时期，人们便已经懂得用表来测日影、定季节了。最早的表是木制的，以后又出现用竹竿和石柱等材料制作的表。

中国周代出现了一种专门的尺子——"土圭"。土是度量的意思，圭是一条尖头的玉器，土圭就是一把量度日影的玉尺。

圭表由"表"发展而来，它是根据正午时表影长度变化定节气和年长的仪器。用一把尺子测量表影的长度和方向，便可知道时辰。后来人们发现正午时的表影总是投向正北方向，就把石板制成的尺子平铺在地面上，与立表垂直，尺子的一头连着表基，另一头则伸向正北方向，这把用石板制成的尺子叫"圭"。正午时表影投在石板上，古人就能直接读出表影的长度值。

元代前的"表"仅高8尺，表影很短，表影边缘模糊，实际误差很大。郭守敬设计的圭表，称为"高表"，即把表竿增高至40尺，在高表顶部还架设了一根横梁。由于表竿提高到原来表高的5倍，因而观测时的表影也加长到5倍，表影边缘的清晰度明显提高，测量的数据更为精确，推算节气的误差也明显减少。但是，高表仍旧不能彻底解决表影边缘清晰度的问题。

　　郭守敬还创造了一个名为"景符"的辅助仪器，用来提高测量的效果。景符，即影符。它是一片4寸长、2寸宽的铜叶，正中开一个针孔大小的小洞。铜叶的一端用枢纽接在一个2寸见方的框边上，另一端用小棍支撑起来，铜叶就可以自由启闭，可调节其倾斜度。将景符放置在圭面上，正对太阳，日光通过小孔，射到圭面上，就会形成一个极微小的太阳像，非常明亮。测量正午日影时，先将景符放在圭面上的影端旁边，使符面垂直于日光，然后前后移动景符，使太阳、高表顶部横梁与符上小孔三者正好处在同一条直线上，此时圭面上所显露出的太阳像如同米粒般大小，中间有一条细细的横梁影子，记下它的位置，就可以精确测量日影的长度了。此后编制的《授时历》以365.242 5日为一回归年，现代测定的一回归年为365.242 2日，两者相差十分微小。

　　耸立在元大都的郭守敬改革的圭表，随着元的灭亡而下落不明。虽然如此，但郭守敬在圭表上的思想方法在如今的天文仪器制造中还经常得到体现。

　　思考1：圭表由哪两部分构成？郭守敬是怎样改良圭表的？他为什么这样做？

　　思考2：郭守敬设计圭表的思想方法有哪些体现在现代的天文仪器中？

　　现今保存的明代圭表，是明正统二年（1437年）间制造的，清乾隆九年（1744年）加以重修。在石座上平卧着铜圭，南端立铜表，高八尺，清朝时改为一丈；上端有铜叶，向外变曲，中间开一个圆孔。用一根悬挂着重锤的细绳穿在这个孔内，从而得到一条铅垂，以便检查铜表是否垂直；另外根据重锤的位置也能得到小孔在圭面上的投影，以便校正量度表影的起点。由于清乾隆九年把表高改

明代圭表

为一丈，圭长度不够，所以在北端另加了一个高三尺五寸的立圭。

你想拥有自己的圭表吗？让我们开始制作吧！

实践与思考

活动 ① 圭表的制作

活动步骤

❶ 在制作圭表之前，我们必须进行简单的计算和作图。准备好量角器和直尺，查出当地的地理纬度。后表中最右边的空格要求我们自己填写。如果我们在北京（北纬40°）附近，可直接将E粘在A上使用。

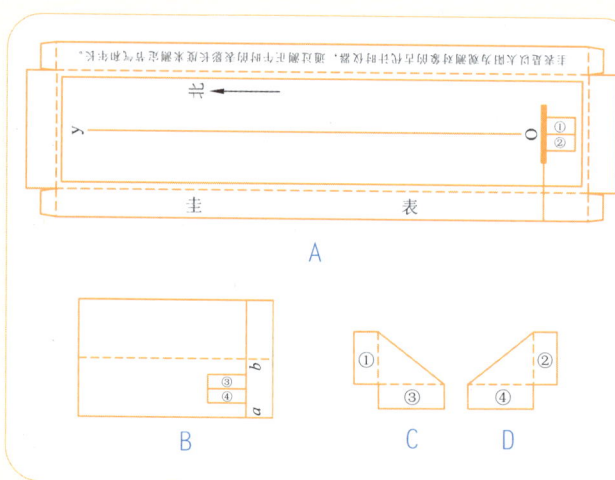

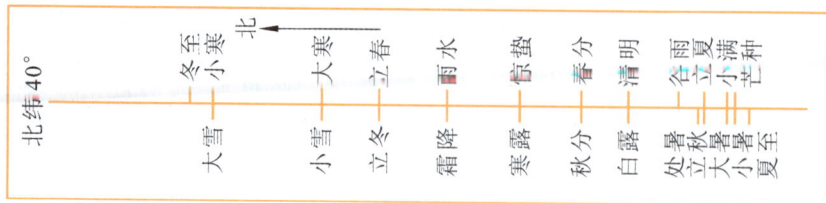

A

B　C　D

E

活动步骤

节气名称及月份			太阳视赤纬		90° −地理纬度＋太阳视赤纬
夏至 6月			23.5°		
小暑	7月	芒种 6月	22.6°		
大暑	7月	小满 5月	20.2°		
立秋	8月	立夏 5月	16.3°		
处暑	8月	谷雨 4月	16°	11.5°	
白露	9月	清明 4月	6°		
秋分	9月	春分 3月	0°		
寒露	10月	惊蛰 3月	− 6°		
霜降	10月	雨水 2月	− 11.5°		
立冬	11月	立春 2月	− 16.4°		
小雪	11月	大寒 1月	− 20°		
大雪	12月	小寒 1月	− 22.5°		
冬至 12月			− 23.5°		

❷ 利用直尺和量角器在A的Oy线上找到13个点，使其满足$y = L_b \times \cot \alpha$，其中，$y$是从O点开始测量的在Oy上的长度，$L_b$为B的长度，$\alpha$为表格右侧中计算出的角度。

❸ 剪下零件A、B、C、D，并挖去A上的横槽，按虚线将A折成长方体。

❹ 将B对折并粘在一起，将ab线以下的部分插入A的槽中。

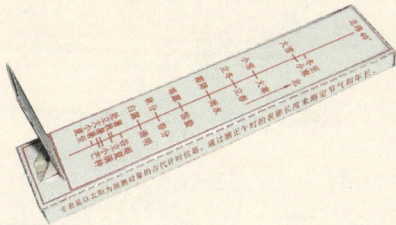

❺ 将C、D沿虚线外折并对粘在一起，按标识粘到A、B上。

思考3：制作圭表时应如何减小误差？

活动 2 圭表的使用

活动步骤

　　圭表使用前，首先要测定当地的正北方向。这里介绍一种太阳测向法供参考。

　　找到一块开阔的平地，在O点竖直插上一根直木杆，记录上午某一时刻木杆的影长为OA，并且以点O为圆心，以OA为半径，沿北画一条足够长的弧线。时刻观察木杆的影子，当木杆的影子再一次与弧线相交时，位置位于OB，也就是说，木杆影长OA与木杆影长OB相等，即OA=OB。

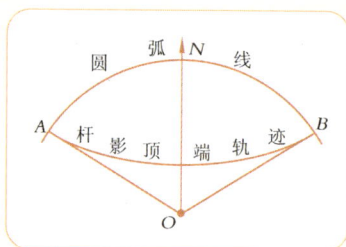

　　我们很容易得出一个结论：A点和B点关于O点处的经线对称，即∠AOB的平分线ON所指示的方向是正北方向。我们可以在ON方向作出标记，以后就可以直接利用这条线，而不必每次都测向了。

　　测定正北方向后，将圭表朝北放置，观测正午时刻圭表的投影位置，即可知节气和月份。

思考4：还有没有其他在白天定方向的方法（要求2种以上）？

活动 3 利用"表"的原理，用立竿测影法测定太阳高度

活动步骤

　　正午太阳在当地子午圈上时，这时竹竿所投的阴影最短，我们就可依

活动步骤

此测量太阳高度。首先在平地上立一根竹竿（越长越好），正午前竿影由长变短，正午后竿影由短变长。在正午前1小时到正午后1小时之间，大约每15分钟在影子顶端记一个点，然后把所有记下的点连成一条弧线，量出竿底到此弧线的最短距离a，再量出竹竿长度b，这样我们就可以根据公式计算出太阳高度h了。

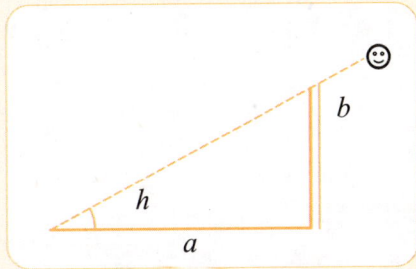

计算公式：$\tan h = b/a$

$h = \arctan$（竿长/影长）

思考5：还有没有其他仪器及方法能测出太阳高度？

检测与评估

❶ 相传中国周代东都洛邑东南一百多里处，有一阳城竖着高八尺的圭表，当时的官员测得其夏至日影为一尺五寸，冬至日影为一丈三尺。请问这个地方的地理纬度是多少？查找史料说明周代阳城是哪里，与你计算出的纬度是否接近？

❷ 根据本单元活动3，找一根2米长的竹竿，当测得竿底到弧线最短距离为1.68米时，太阳高度是多少？

❸ 为什么中国元代以前的"表"仅高8尺？

资料与信息

❶ 祝平，章朝云. 青少年天文实验［M］. 北京：北京科学技术出版社. 1987.
❷ 尤仪. 少年天文观测［M］. 福州：福建科学技术出版社. 2002.

提示与答案

阅读与思考

思考1：略。

思考2：略。

实践与思考

思考3：略。

思考4：略。

思考5：略。

检测与评估

❶ 基本的测影知识告诉我们，夏至日的太阳在黄道上的最北点，位于天赤道之北的度数是黄道与赤道的交角ε；冬至日则在最南点，也有同样的交角及度数，而天赤道同天顶之间的夹角正好就是地理纬度Φ，我们就可利用两个关系式算出：$\tan(Φ-ε)=1.5/8$；$\tan(Φ+ε)=13/8$

经计算得知，当夏、冬至日影为上边两数时，这个地方的地理纬度应为北纬34° 30′ 。

根据史书知道，周代阳城就在现今的河南省登封告成镇附近，其地理纬度为北纬34° 04′ 。相差不远。

❷ 根据本单元活动3，我们得知竿长2米，即$b=2$，竿底到弧线最短距离为1.68米，即$a=1.68$，根据公式$\tan h=b/a$，可以算出太阳高度是50° 。

❸ 答案请在本单元找，并总结写出。

日中足乌
RIZHONGZUWU
5

太阳曾在一个清早，带着辉煌的光华临照我的前额。但是啊！它只有一刻是我的荣耀，它的华容已有斑斑乌点。而我的爱却不能将它鄙夷。

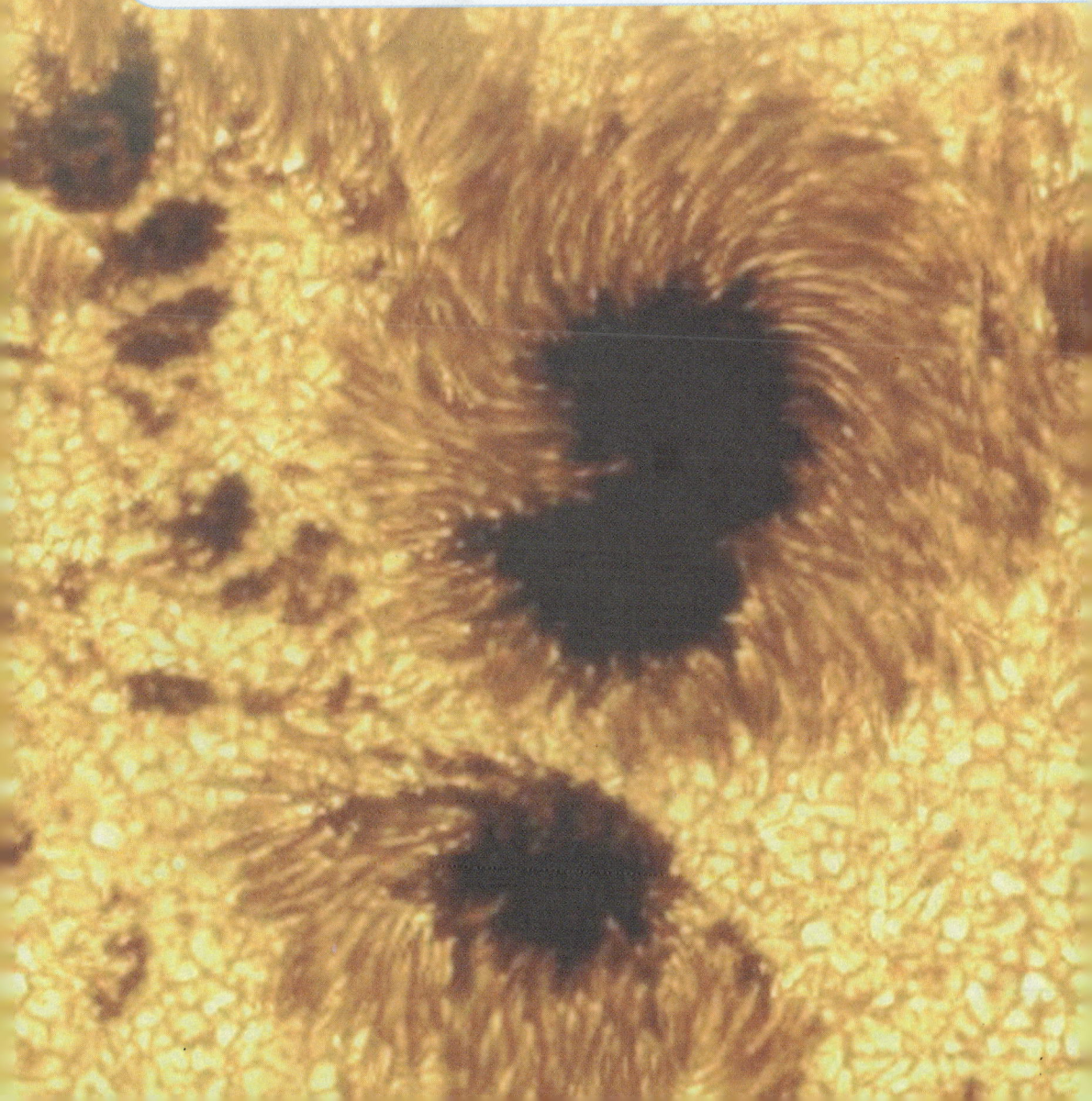

阅读与思考

在古代的欧洲，人们一直认为天体是永恒不变、完美无缺的。这种观念后来为基督教神学所利用，成为中世纪禁锢科学思想的精神枷锁。在这种观念的影响下，人们即使用肉眼看到了太阳黑子，也不敢相信这是事实。

关于太阳黑子的观测记录寥寥无几，而且记载十分简单。据考证，欧洲古代太阳黑子的观测记录总共只有不足十条，而中国古代对太阳黑子的观测则有悠久的历史。中国哲学著作《周易》中有"日中见斗""日中见沫"的记载，说的应该就是太阳黑子。

1972年，我国湖南长沙马王堆一号汉墓出土了一幅西汉初年的T形帛画，成为我国已知画面最大、保存最完整、艺术性最强的彩绘帛画。这幅帛画的内容分为三个部分：天堂、人间、地府。在天堂部分的右上方，描绘了1大8小的9个太阳，其中最大的一轮红日中心站立着一只金鸟。这是古人用艺术方式对太阳黑子最形象的记载。

世界上第一次对太阳黑子进行确切的文字记载是在我国的汉代。《汉书·五行志》里记录了公元前28年5月10日太阳上的黑子："成帝河平元年三月乙未，日出黄有黑气，大如钱，居日中央。"这段文字记录了太阳黑子出没的时间、大小、位置等，十分详细。此后我国对太阳黑子的记录就更加详细和系统了。

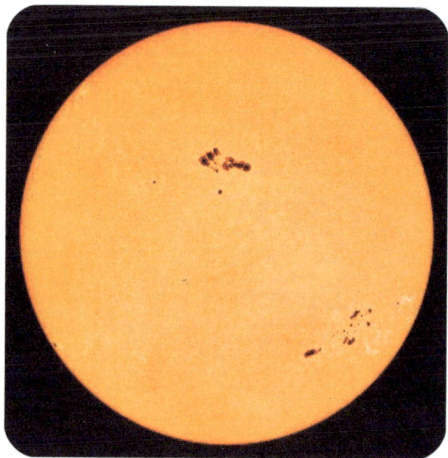

由于没有现代化的观测设备，古人观测太阳黑子只能用肉眼在早晚阳光不刺眼的时候进行。因为黑子在太阳上很小，大部分又极不规则，所以古人对黑子的描述很有意思，通常用物品和飞鸟来形容，比如：如弹丸、如钱、如瓜、如飞燕、如三足乌（三足乌鸦）等等。所以，很多古代神话、绘画都把日中的乌鸦作为太阳的象征。

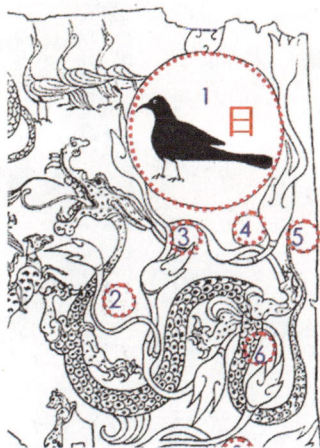

思考1：我们能否用肉眼看到太阳黑子？

观测太阳黑子可以了解很多太阳的秘密，特别是长期对黑子进行记录可以了解太阳活动的周期状况。发明天文望远镜以来，天文学家一直在进行详细的手绘黑子记录，直到近些年来数字摄影技术逐渐应用于天文观测，手绘黑子的记录方式才逐渐退出。

不过，在业余的天文观测中，手绘太阳黑子仍然是天文爱好者们进行天文观测的常用方法，现在大家就来尝试一下几百年来天文学家们曾一直进行的绘制太阳黑子的工作吧！

实践与思考

活动 1 描绘太阳黑子

太阳黑子通常由本影和半影组成。处于黑子中央部分的黑核称为本影，平均温度约在4 200K；包围本影的颜色较浅的灰色部分称为半影，是本影到光球的过渡区，其平均温度为5 680K，比光球温度略低。由于光球温度为6 000K，所以在这种背景的映衬下，黑子的本影和半影都不同程度地显得暗黑了（见下图：太阳黑子照）。黑子有大有小，小的黑子直径只有几百千米，大的黑子直径可达20万千米。现在就让我们用手中的笔去描绘它们吧。

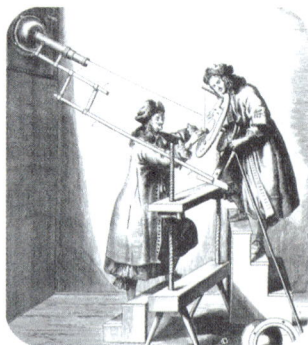

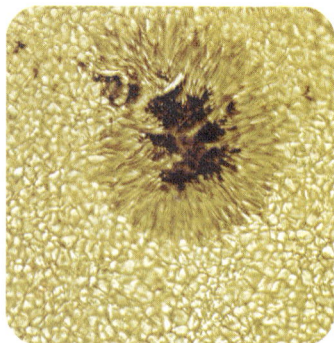

思考2：你能依据前面所学的知识分辨出下图中有几个黑子吗？

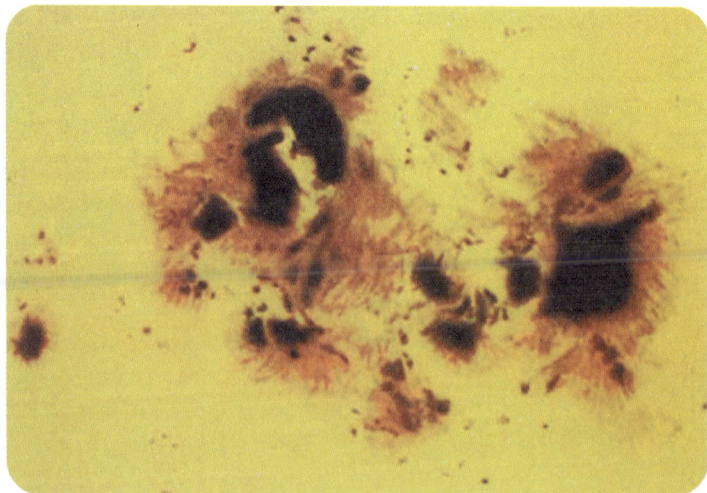

活动准备

❶ 口径10厘米以上的赤道式望远镜（折射镜或反射镜均可），带电跟一套。

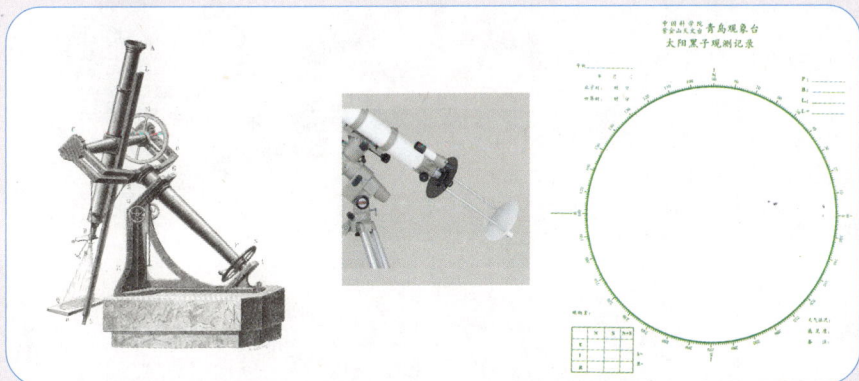

图a

❷ 目镜投影板一块。

❸ 太阳观测专用记录坐标纸一张。

❹ 2H铅笔1~2支，HB铅笔1~2支，橡皮1块。

活动提示

千万不要用眼睛通过没有滤光装置的仪器看太阳，否则极可能导致失明！

活动步骤

步骤一：太阳观测仪器与图纸的调整

❶ 校正好望远镜的极轴方向。

（1）先把望远镜整体对向南北方向，然后用望远镜找到太阳，调节目镜使日面成像清晰。

（2）以"黑子"为标志，用铅笔在黑子上做一个记号，停止电跟。太阳周日运动时，黑子在投影屏上由东

活动步骤

向西，慢慢离开记号。过一段时间，黑子与记号离开较远时，转动极轴进行微调，重新把黑子转到原来的位置。如调节以后黑子与记号不重合，黑子在记号之南，就需要把极轴向西北稍作调整；如黑子在记号之北，就需要把极轴向东北稍作调整。如投影屏上的黑子是由西向东，慢慢离开记号（成像为正像望远镜），其调整极轴的方向与以上所述相反。

（3）连续调整几次后，若都能使黑子与记号重合，则说明望远镜的极轴已对准正北极。这样开动电跟后，就能很好地跟踪太阳、描绘黑子了。

思考3：怎样调整极轴？

活动步骤

❷ 把太阳的投影像调到投影板的中心位置。将观测图纸固定到投影板，纸面要平整。

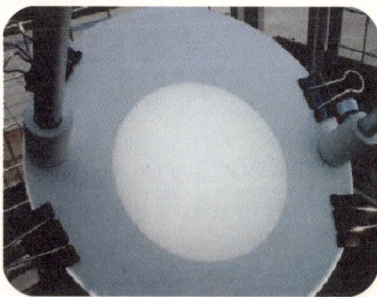

❸ 调整投影板与目镜的距离，使太阳投射影像的大小与观测图纸上的日面范围相重合，并调整日面投影的清晰度（对焦）。

❹ 转动望远镜的赤经微调旋扭，让一个黑子在观测图纸的东西线上，沿着图纸的东西线方向移动，或者将太阳影像的南或北边缘相切在图纸的东西线上移动，从一端移动到另一端，检查图纸的东西方向是否有偏移。若有偏移，需要转动观测图纸的方向，直到完全没有偏移为止。

活动步骤

⑤ 确定好投影大小和方位后，就可打开电跟对太阳进行跟踪观测了。

步骤二：绘制太阳黑子

❶ 确定黑子在投影像上的数量和位置。不要急于下笔，先要对黑子的数量、大小、相对位置有一个全面的观察，做到心中有数。

❷ 用削尖的铅笔对投影在观测纸上的黑子逐一进行勾描。

（1）描绘时先用较硬的2H铅笔对黑子的半影进行勾描，沿外轮廓平滑地勾勒出外形。用力不要太大，颜色不要太深，能看清线条即可。

（2）描出半影后，再用HB铅笔描绘黑子本影，HB铅笔较2H铅笔软一些，颜色要深一些，可把黑子本影描绘得深黑一点，但力量也不要太大，颜色比半影稍深即可。

（3）把握好黑子颜色的深浅。一种方法是先勾画出黑子半影和本影的外轮廓，取下后再进行修整加工，填上半影和本影的颜色，使轮廓和层次清晰分明。另一种方法是直接在投影板上把半影和本影的颜色填上，但这种方法难度较高，只适合于熟练的观测者。其优点是能比较好地体现当时黑子的颜色深浅情况。

（4）注意事项

① 在投影板上描绘黑子时，不可用力过大，否则会使投影板和望远镜大幅度晃动，影响黑子投影的清晰度和位置的精度；

② 本影和半影的轮廓最好一次性勾画下来，尽量少用橡皮涂改；

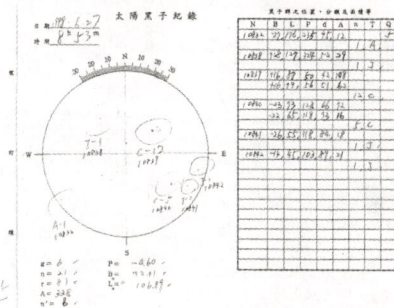

③铅笔下笔不要太重，若画错，修改起来时易擦不干净错误线条，影响美观；

④对一些过小的小黑子，可通过用白纸片在观测纸上轻微晃动来寻找，用铅笔标出小点即可。

❸画好黑子后，取下观测纸，填写好详细的日期、观测时间、天气状况（其中包括太阳宁静度和清晰度）、观测者姓名等，一张完整的太阳黑子手绘观测记录就完成了。

步骤三：测定太阳宁静度与清晰度

描绘完太阳黑子后，要按照如下标准把观测时太阳像的两个"指标要素"标出来。

❶ 太阳宁静度（分5级）

太阳像边缘难以看到抖动，圆面看不到抖动为1级；

太阳像边缘抖动小，圆面难以看到不稳定为2级；

太阳像边缘抖动明显，圆面不够稳定为3级；

太阳像边缘和圆面的不稳定明显，边缘出现波纹或明显抖动为4级；

太阳像严重不稳定为5级。

❷ 太阳清晰度（分5级）

黑子的半影、本影边界明确，半影纤维和米粒清晰可见为1级；

黑子的半影、本影边界轮廓清楚，米粒和半影细节清楚为2级；

黑子的半影、本影边界轮廓较清楚，半影细节隐约可见为3级；

黑子的半影、本影边界可分，半影细节不可见，米粒模糊为4级；

劣于4级的为5级。

备注：一般情况下，描绘的黑子需要太阳宁静度与清晰度都要优于3级，低于3级就只能作为一些黑子目视计数的观测了。而以上两个指标要素的测量需要长期的经验积累，一旦经验成熟，它就可以作为研究当地高空大气的有用数据了。

思考4：为什么要测定太阳的宁静度与清晰度？

活动 ② 太阳黑子的分类、计数与测量

活动步骤

1 太阳黑子的分类

太阳黑子的分类主要是指黑子群的分类，因为黑子大都成群出现，每个黑子群由几个到几十个黑子组成，最多的可达一百多个。一个黑子群一般有两个主要黑子，在西侧的叫前导黑子，在东侧的叫后随黑子。

目前黑子群的分类通常采用的是苏黎世天文台分类法，它按黑子的发展将黑子群分为九种（见右下图）。

A类：没有半影的黑子或小黑子群；

B类：没有半影的复杂的黑子或小黑子群；

C类：C类同B类相似，但其中一个主要黑子有半影；

D类：两个主要黑子都有半影，其中一个黑子结构简单，东西方向延伸小于10°；

E类：大的黑子群，结构复杂，两个主要黑子都有半影，并在其间有一些小黑子。其东西延伸不小于10°；

F类：大而复杂的黑子群。东西延伸不小于15°；

G类：大的黑子群，只有几个较大的黑子，没有小黑子，东西延伸不小于10°；

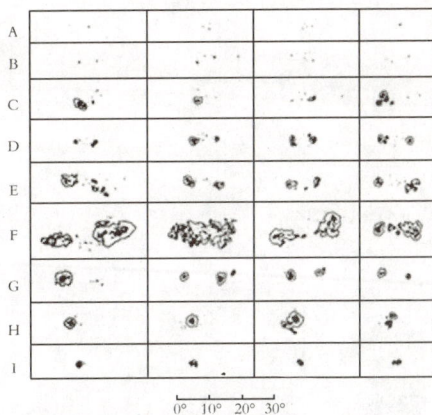

黑子苏黎世分类示意图

II类：有半影的单个黑子或黑子群，有时也具有复杂的结构。直径大于2.5°；

I类：有半影的单个黑子或黑子群，直径小于2.5°。

以上类别是按照黑子群演变的先后顺序排列的，黑子群变到最强是E和F类型，演变到最后是I类型。

❷ 黑子的分布

黑子在日面分布是有规律（称为斯玻勒定律）的。一，其东西分布不对称，东边黑子总比西边多。二，黑子在日面纬度分布不均匀，几乎所有黑子都在日面正负45°的范围内，但赤道两旁正负8°的范围极少。依据这些观测用图标方式发现，图的形状很像蝴蝶，这就是现今所知的"日面黑子分布蝴蝶图"。

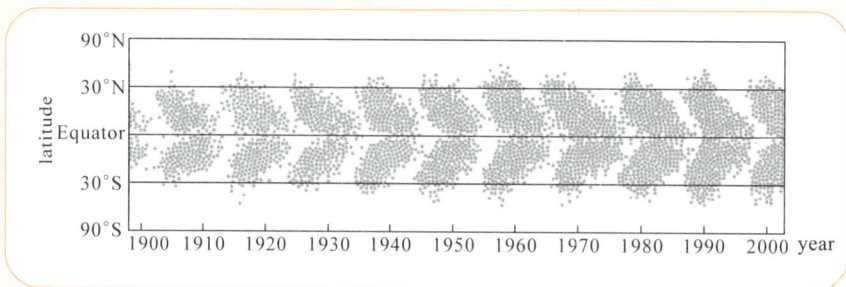

❸ 黑子的周期及计数

经过长期的黑子观测与统计，人们发现太阳活动的周期约为11年。1849年，瑞士苏黎世天文台的R·沃尔夫提出用黑子相对数来表示太阳黑子活动

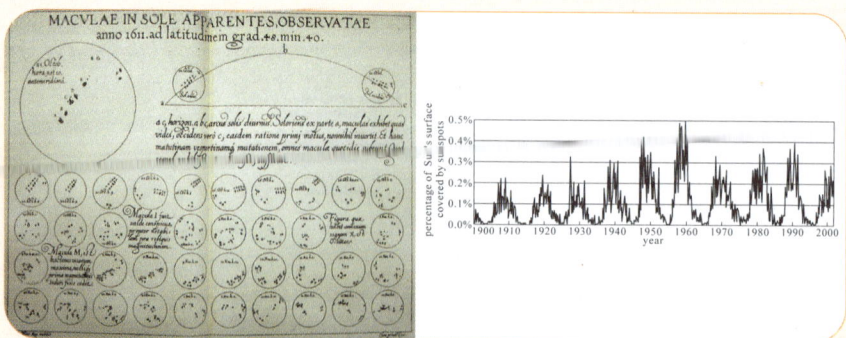

活动步骤

程度，黑子相对数 R 由以下公式计算：

$R=K（10g+f）$

式中：g 为观测到的日面上的黑子群数，f 为观测到的单个黑子的总数，K 为换算因子（一般初次观测时取 $K=1$）。

R·沃尔夫利用此公式确定出黑子活动周期为11.1年。我们在运用此公式时，K 的确定值同观测人的技术、方法和天气情况有关。它可以用个人的观测值与苏黎世天文台同期观测值相比较而得出：

$K=R'/（10g+f）$

式中：R' 是苏黎世天文台的同期黑子相对数。

R·沃尔夫

检测与评估

❶ 看本单元活动1中图 a 的分群类别并计算 R 值。

❷ 学会利用黑子调整望远镜的极轴。

❸ 亲手绘制某一日的黑子观测图。

资料与信息

❶ 张元东，李维宝. 太阳黑子［M］. 北京：中国华侨出版公司，1989.

❷ 中国科协青少年工作部，团中央宣传部. 青少年科技活动全书——天文分册［M］. 北京：中国青年出版社，1985.

提示与答案

阅读与思考

思考1：略。

实践与思考

思考2：略。

思考3：略。

思考4：略。

检测与评估

❶ 图a上的黑子群为1个，均属于A类黑子群。f为3

$R=K（10g+f）$

$R=1×（10×1+3）=13$

即R为13。

❷ 略。

❸ 略。

耀眼的时钟 6
YAOYANDESHIZHONG

太阳，你使生命从昏睡中苏醒！你上升，照耀，显示你光辉的形象。你的光照亮每一张脸，却无人知晓。千年万年，你是新的生命热切的根源。时间在你的脚下卷起尘土，而你永远不变。时间的创造者，你超越了时间！

阅读与思考

在我们的日常生活中，计时是一件非常容易的事情，想知道时间，看看表就可以。计时的工具十分普遍，像挂钟、手表等，你还能举出哪些计时工具？

在古代，人们是用什么工具来知道时间的？它们的工作原理是什么？人们又是怎样用这些工具进行测时的？我们能不能制作并使用它们呢？下面，我们以日晷为例进行探讨。

地平日晷

日晷又称日规、晷仪，是中国古代利用日影测时刻的计时仪器之一。日晷根据日影的位置，指定当时的时辰或刻数，是我国古代使用较为普遍的计时仪器。日晷通常由铜制的指针和石制的圆盘组成。铜制的指针叫做"晷针"，垂直地穿过圆盘中心，起着圭表中立竿的作用，因此，晷针又叫"表"。石制的圆盘叫做"晷面"，安放在石台上，南高北低，以使晷面平行于天赤道面，这样，晷针的上端正好指向北天极，下端正好指向南天极。在晷面的正反两面刻出12个大格，每个大格代表两个小时，称为一个时辰。

太阳由东向西移动，晷面上晷针的影子就可以指示时刻了。

从春分到秋分期间，太阳总是在天赤道的北侧运行，因此，晷针的影子投向晷面上方；从秋分到春分期间，太阳在天赤道的南侧运行，因此，晷针的影子投向晷面的下方。所以在观察日晷时，首先要了解两个不同时期晷针的投影位置。

按照日晷面安置的方向可以将日晷分为赤道日晷、地平日晷、立晷（晷面平行于卯酉面）、斜晷（晷面置于其他方向）等。

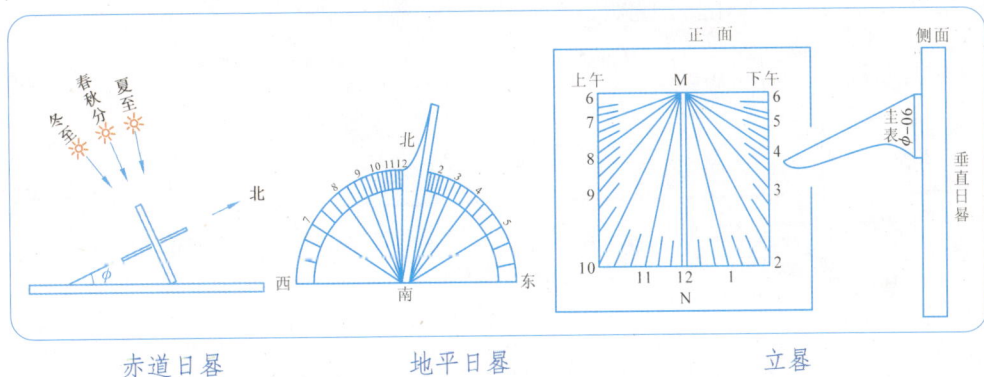

赤道日晷　　　　　　地平日晷　　　　　　　立晷

但是，不论哪一种日晷，其晷针的上端都正好指向北天极，这一点是不变的。晷面也可以制成半球面形，晷针顶点处于球心，这就是球面日晷。如果在晷面上按当地的地理纬度和节气刻制13条节气晷线（冬至夏至各一条线，其余每两个节气用一条线），依据表影的方向和尖端的位置便可以测定节气和时刻，这种日晷称为节气日晷。

思考1：为什么日晷能够准确地指示时间？

实践与思考

活动 1 制作地平日晷

活动步骤

❶ 首先要准备好材料。如下图，A为晷面，B为晷针，将两部分沿边缘剪下。

❷ 将晷面上四边的实线剪开，沿虚线向后折，按对应表识粘好，制成梯形台。

❸ 将B沿中心线对折，根据当地地理纬度将刻度盘左右两条刻度线向外对折，将两面背贴背粘在一起。

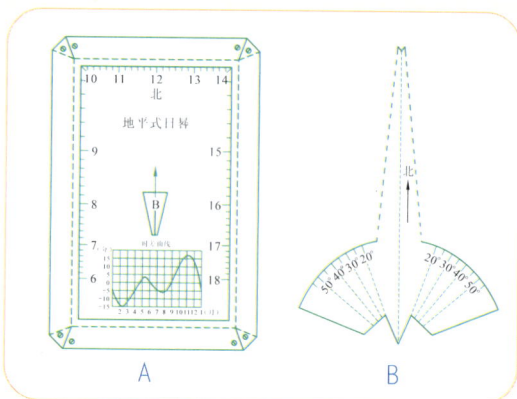

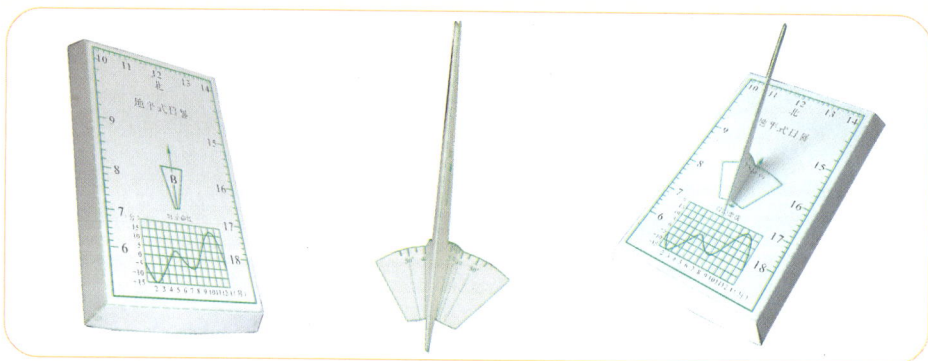

❹ 最后把B按以上图示粘在A中部的"B"标识区域内，水平日晷就制作好了。

你会使用它去测时吗？让我们一起行动吧！

思考2：地平日晷的晷针与地平的夹角是否为固定的角度？如果不是，应随着什么变化？

活动 2　地平日晷的使用拓展

活动任务

在活动1中，我们测到的是真太阳时，它是以真正的太阳为参考点，以真太阳的视运动来计算的地球自转一周的时间，即太阳视圆面中心连续两次上中天的时间间隔称为一个真太阳日。一个真太阳日分为24个真太阳时，一个真太阳时划分为60分，一个真太阳分划分为60秒。真太阳时应用在日常生活中是不方便的，因为地球自转的同时还绕日公转，且公转速度不均匀，如在近日点附近公转速度快，在远日点附近公转速度慢。

我们日常使用的时间是北京时间，是以东经120°经线为标准的平太阳时。平太阳时是主要以地球自转周期为基准的一种时间计量系统，简称平时。由于真太阳的运行速度和时角变化率不均匀，不适于作为计量均匀时间的基准，所以天文学家在天文学中引入平太阳的概念。平太阳是一个假想的天体，其在天赤道上作匀速运动，其速度与真太阳的平均速度相一致。一个地方的平太阳时依据平太阳对于该地子午圈的时角来度量。平太阳以在该地下中天的瞬间作为平太阳时零时。平太阳时与真太阳时之间存

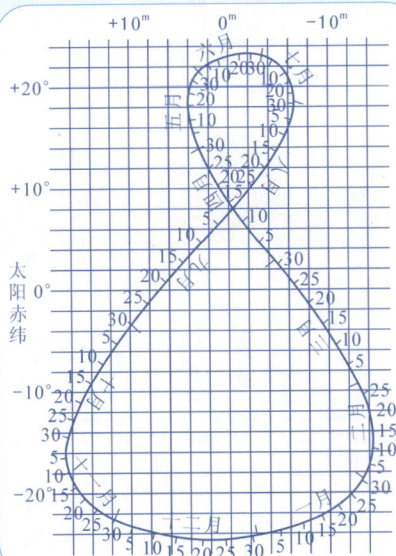

时差曲线图

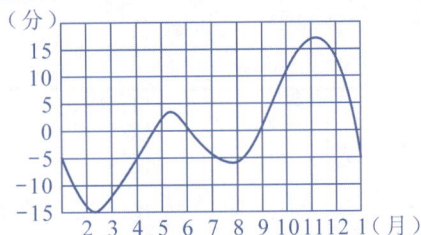

时差曲线

活动任务

在相互换算关系，真太阳时与平太阳时的时刻之差即为时差。因此：

平太阳时＝真太阳时—时差

时差可以在"时差曲线图"中读出。所以，根据上述公式，我们便可以将日晷上读出的真太阳时转化成平太阳时。

思考3：经过上述转换得到的时间是北京时间吗？请你说说你的判断依据。

活动提示

到此，我们已经顺利地完成了日晷的制作和使用，感觉不错吧？熟能生巧，熟练运用日晷测时之后，才能领悟到更多的自然界与时间有关的道理。

活动 3 利用现代时钟（手表）定方向

活动任务

我们手表的时针一昼夜走两圈，而太阳一昼夜才转一圈，所以时针的角速度是太阳的2倍：1小时内时针转动30°，而太阳却只转了15°。

在估测方向时，手表应平放，时针对准太阳。如果是正午，时针正对表上12时刻度线，时针和12时刻度线所指的方向就是南方（北半球）。经过3小时后，时针转了90°，指在3时刻度线上，而太阳只转了45°。如果时针对着太阳，这时12时刻度线所指的方向已经不是南方了，12时刻度线与时针之间的夹角的平分线所指的方向才是南方。无论白天哪一时刻，只要让时针对着太阳，12时刻度线和时针所在位置之间的夹角平分线所指的方向就是南方。

活动任务

　　但要注意的是，这种方法要求手表使用地方时，也就是太阳上中天（正午）时，时针正好指着12时刻度线。但是，我国统一使用北京时间，所有手表都以此为依据。北京时间是东经120°上的地方时，如青岛、杭州等地，其正午地方时的时针正好指在12时刻度线上。而其他地方，正午地方时的时针并不指在12时刻度线上，如北京市指在12时15分上。

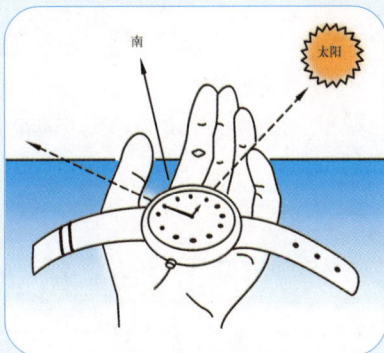

南

太阳

活动提示

　　要利用以上介绍的方法，只需查出当地太阳正午时的北京时间，用这个时间刻度线代替12时刻度线就可以了。如北京市就可使用12时15分刻度线，让时针对准太阳，那么12时15分的刻度线和时针之间的夹角平分线所指的方向就是南方。

　　思考4： 上中天的含义是什么？有没有下中天？如果有，是在哪一时刻？

检测与评估

❶ 制作一台纸质地平日晷，并用它来测时，看看测出的时间是否准确。

❷ 如果你在沈阳或拉萨，应如何利用随身携带的手表测出当地的南方？

资料与信息

❶ 中国科协青少年工作部，团中央宣传部. 青少年科技活动全书——天文分册［M］
北京：中国青年出版社，1985.

❷ 祝平，章朝云. 青少年天文实验［M］. 北京：北京科学技术出版社，1987.

提示与答案

阅读与思考

思考1：测定正北方向后，我们可以把日晷晷面的12点位置放在ON线上，并调整晷针与ON线方向一致。这样，我们就可以读出当时的时刻了。

实践与思考

思考2：不是固定的角度，这个角度应该与当地地理纬度一致。

思考3：按上述步骤转化而得到的平太阳时实际上是当地的地方时，不是北京时间。我国国土面积辽阔，各地地方时与北京时间（以东经120°经线为标准的平太阳时）之间存在差异。因为东边的时刻总比西边的时刻早，如果相差1°则差4分钟，相差1′则差4秒钟。因此，在换算成北京时间时，地方如果处于东经120°以东，则应该加上相应的经度修正值；如果处于东经120°以西，则应该减去相应的经度修正值。也就是说：北京时间＝真太阳时—时差＋经度修正值。

例如，10月1日，东经110°某地日晷实测真太阳时，查得时差为＋10分钟，所在经度为东经110°的经度修正时间值为：4m×（120°—110°）＝40m，可以求得这时的北京时间为10h30m—10m＋40m＝11h。

思考4：略。

检测与评估

❶ 略。

❷ 首先可以从北京天文馆的《普及天文年历》中查到，沈阳市位于东经123°26′，其当地正午的北京时间是11时46分，拉萨位于东经91°08′，其当地正午的北京时间是13时56分。这样，我们在两地测向时，只需要把时针对准太阳，沈阳的11时46分刻度线、拉萨的13时56分刻度线与时针的夹角平分线所指的方向就是各自的南方了。

永照光辉
YONGZHAOGUANGHUI
7

你依旧唱着竞赛的歌声，以雷霆的步伐，完成预定的行程。阳光激励着天使，神秘不可名状，巍巍造化之功，和开天辟地一样永照光辉。

阅读与思考

"太阳，宇宙发展的形象，新中国发展的形象，科学事业发展的形象，热火冲天，能量无穷，光芒万丈。"这是郭沫若先生在北京天文馆的题词。这段话高度概括了太阳在我们心中的伟大形象，现在让我们使用手中的仪器将太阳的光辉形象永久记录下来。

太阳主宰整个太阳系，它的活动与我们息息相关。自古以来人们就开始了对太阳黑子的观测记录。伽利略发明了第一架天文望远镜之后，人们对太阳的了解更加深入。现在我们不仅能够观测到太阳黑子的精细结构、日珥的变化、耀斑的爆发等，还能对太阳的活动进行密切监视，并做出准确预报。

对于天文爱好者来说，利用一架小型望远镜和一些照相设备拍摄太阳黑子是一件非常有意义的事情。

由于太阳光很强，所以需要采取减光措施，现在介绍几种减光方法：

1. 光栅减光，这种方法的原理很简单。就是通过缩小望远镜的口径来减少通光量，这需要将望远镜口径减小到只有几毫米，这样会大大降低分辨率，所以这种方法并不适合拍摄太阳的局部放大像。

2. 利用反射镜反射阳光，即是在望远镜中安装一个反射镜或者棱镜将大部分太阳光反射掉以达到减光目的，这种方法常应用于专业望远镜中。

3. 滤光片减光，这种方法普遍适用。它的优点是只要滤光片的质量优良，就可以保证既不需要减小望远镜的口径又能达到理想的减光效果。目前国内市场上出售的一种中性太阳膜倍受青睐，业余天文界称这种膜为"巴德膜"，它是从德国进口的最新专利产品，应用于望远镜物镜前端。

备注：太阳滤镜是用ND值来区分的，例如：ND4，相当于0.01%的太阳透光率，仅适用于摄影；ND5，相当于0.001%的太阳透光率，适用于观测及摄影。

市场上的太阳滤镜有：

巴德 AstroSolar 太阳膜	Mylar film	太阳为白色	ND5
JMI Identi-View A 级	玻璃	太阳为蓝色	ND5
JMI Identi-View B 级	玻璃	太阳为白色	ND5
JMI Identi-View C 级	玻璃	太阳为红色	ND4
Thousand Oaks II 型	玻璃	太阳为橙色	ND5
Thousand Oaks III 型	玻璃	太阳为白色	ND4

太阳滤镜的颜色：

1. 蓝色（如JMI Identi-View A 级）：可增强太阳表面与白斑的对比度，更易见到白斑。

2. 橙色（如Thousand Oaks Type II）：可增加黑子半影区的对比，能观察到更多的黑子细节。

3. 绿色（如Baader Continuum 滤镜）：可看到最多的米粒细节。Baader Continuum 滤镜提供在540纳米的10纳米频通，在这个频通内是没有吸收或放射的频谱线，故能加强米粒及黑子半影区的细节。

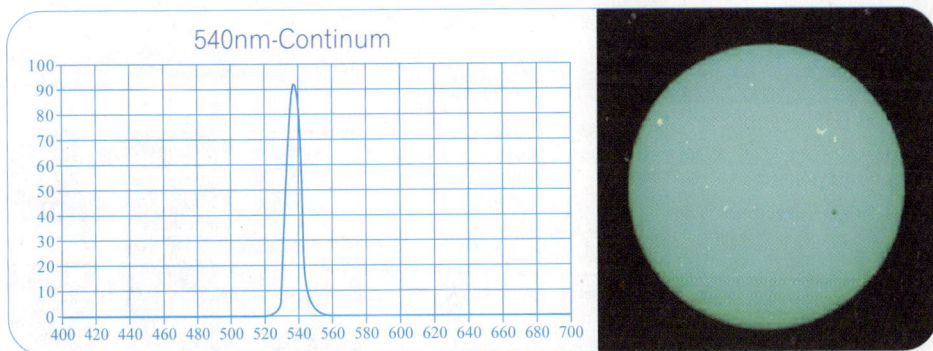

这里选用的是巴德AstroSolar太阳膜。因为它的Mylar film比玻璃薄得多，只有12微米厚，同时底面平滑，所以成像效果最优秀。

望远镜主镜后如用巴德的太阳棱镜，则蔡斯高精度棱镜会将4.6%的阳光反射到目镜端，其余95.4%的阳光会穿透棱镜投射到尾部的散热网上。在目镜前的太阳棱镜中还有一面内置的ND3减光镜，以减低太阳光的通透率，达到0.004 6%的安全标准。太阳棱镜是观察光球的最佳工具，比巴德膜更好，因为没有滤膜所以为中性颜色，同时能提供大量低反差细节如米粒结构。

很多书中都提到过利用胶片进行天文摄影。但是随着科技的进步和我国经济实力的不断提高，越来越多的学校和爱好者都开始尝试数字天文摄影。下面将通过举例的方法，向大家介绍利用数字方法进行太阳黑子摄影的方法。

思考1：为什么拍摄太阳需要在望远镜上安装滤光膜？

实践与思考

活动 1 利用摄像头和望远镜拍摄太阳黑子

活动准备

先向大家简单介绍一下Philip公司研发的ToUcam 840k网络摄像头。因为此摄像头具有灵敏度高、色彩还原好、手动控制程度高等特点，因而在天文摄影中被广泛使用。该摄像头采用高性能CCD（电荷耦合器件）感光元件，有效像素达到30万，虽然这一像素远不如一些数码相机，但是对于拍摄太阳、月亮、大行星等天体来说，已经足够了。

活动任务

　　首先，我们需要准备好望远镜、摄像头和笔记本电脑，安置好望远镜后，将摄像头分别与望远镜和电脑连接。另外，需要为摄像头定做一个专用接口，这一种接口在国内很多望远镜厂商中都有销售。

　　根据拍摄目的不同，需要考虑拍摄目标所占画幅的比例，840k摄像头的画幅为640×480像素。要拍摄一群黑子特写，首先需要计算出照相比例尺，看看画面中每一像素对应天空的角距离是多少，从而了解摄像头可以拍下的天区面积，然后根据太阳的角直径（大约为31′），估算出所拍黑子的大小，这样就可以大概判断是否可以拍下整个黑子群，是否需要应用增倍镜或者减焦镜。其实，操作熟练后，就不需要如此麻烦了。

活动步骤

❶ 双击Philips VLounge图标，打开该摄像头驱动程序，单击VRecord之后将看到如右图中的画面。

❷ 建立新档案文件。840k摄像头会将采集的视频文件自动保存成avi格式，根据以往经验，按照"被摄物名称+时间（24小时制）"作为文件名最为方便，这样还可以避免文件名重复。每次拍摄前都需要设置新档案文件，否则摄像头程序会自动将原来的文件覆盖。

❸ 设置拍摄画面的大小。单击选项→视频特性，可以看到如右图所示的对话框。需要注意的是，在输出大小一栏中有根据不同需要设置的七种框幅尺寸，

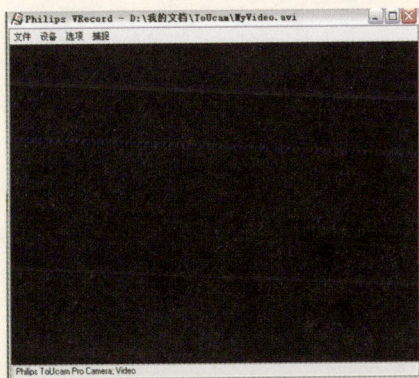

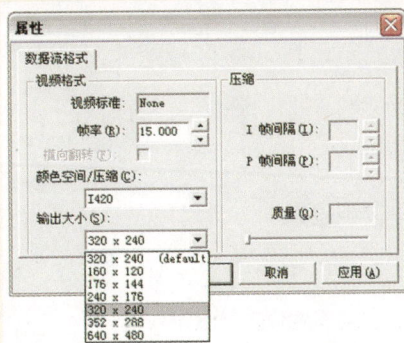

活动步骤

选择最大画面640×480。

❹ 关闭录音功能。单击捕捉，在跳出的菜单中将"捕捉音频"一项取消（没有√表示该功能已关闭）。840k摄像头集捕捉视频和音频于一体，但是如果我们打开捕捉音频功能，会出现视频掉帧现象，这会影响影像的后期处理效果，所以需要关闭录音功能。

❺ 设定捕捉速率。单击捕捉→设置帧速率，会看到，840k摄像头的捕捉速率可以设定为5、10、15、20、25、30、60帧/秒。采用的捕捉速率越高，在单位时间内采集的影像越多，供后期叠加的影像也就越多，但是如果电脑的运算速度较低，则会读出噪声而降低影像质量。具体操作时采用多大的捕捉速率，需要结合电脑的性能多次尝试，但一般不超过25帧/秒。

❻ 调整图像。图像的调整是拍摄成败的关键，单击选项→视频特性，弹出如右图所示的对话框。将"完全自动"一项关闭。一般情况下，拍摄太阳、月亮时采用黑白模式比较有利。

点击"摄像机控制"，会出现如图所示的对话框，你将看到"白平衡"和"光圈"两项，光圈中又包括快门速度与增益。调节这两项的原则是先采用自动模式，然后根据视觉效果做微幅度调整。需要注意的是，"白平衡"的调整对于彩色拍摄很重要，"增益"过大会产生噪声，过小又会使曝光不足，所以，应根据观测条件细心调整，不断总结经验。

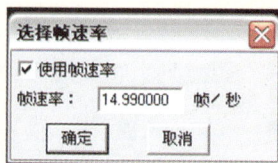

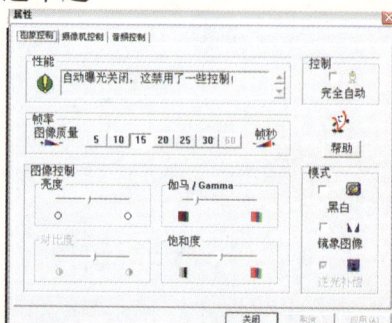

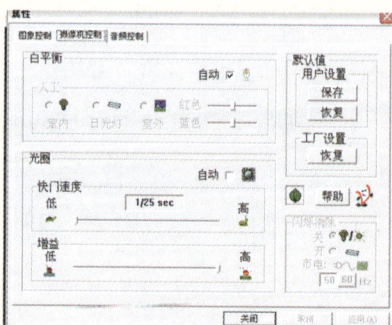

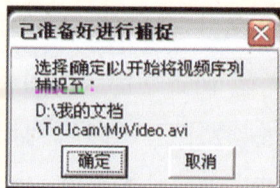

活动步骤

⑦ 拍摄。一切调整完毕后就可以开始拍摄了，单击捕捉→开始捕捉，点击确定，开始捕捉。捕捉过程中，画面下方会显示捕捉到的帧数、用时、丢帧数。如果丢帧数占捕捉数量的20%以上，就需要检查一下是否关闭了录音功能，或者适当放低帧速率。按照以往经验，一般将捕捉帧数控制在1000帧以内，并以在30秒内拍完为宜。如果拍摄时间过长，不仅会占用大量硬盘空间，也会使后期处理比较费时。所以，为了既保证照片质量又避免占用过多的系统资源，捕捉700帧左右较为合适。捕捉完毕后点击文件→将捕捉文件保存为，将文件保存在已设置好的档案文件中。

活动提示

要想拍到比较理想的太阳黑子视频，除了调整软件外，赤道仪的跟踪精度、调焦精度也很重要。调焦过程容易受到大气稳定性的影响，比较难把握，需要反复实践并总结经验。

思考2：利用摄像头拍摄天体时，采集到的是动态的影片还是静态的照片？

活动 ② 太阳黑子影像的后期处理

活动任务

在活动1中，我们利用摄像头采集了太阳黑子avi格式的动态影片，下一步我们需要将影片运用天文叠图软件Registax进行处理，以得到比较理想的太阳黑子照片。

活动步骤

❶ 下载并安装Registax软件。Registax软件是共享软件，登陆 http://www. astronomie.be/registax/ 即可下载。以Registax3为例，下面给大家演示太阳黑子照片的制作过程。

❷ 开启Registax3软件。安装Registax软件并双击图标（右图）打开，会出现左下图画面。

点击"select"在弹出的对话框中选中已经保存的档案文件。此时会看到如右下图所示的界面。

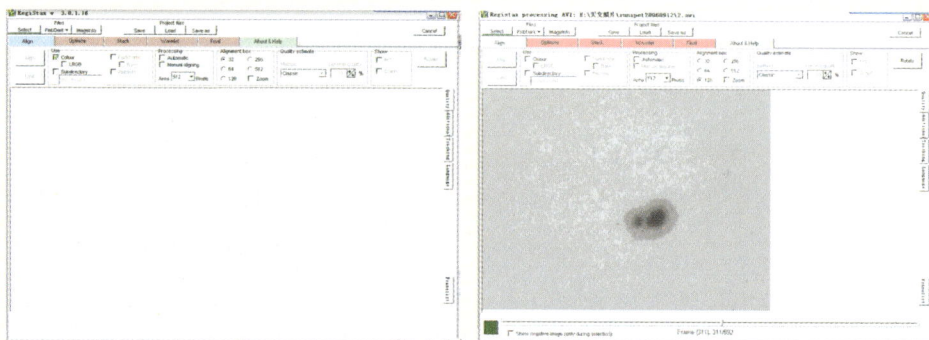

❸ 选择最佳参考帧。利用鼠标移动下方的滑动框，比较并选择一张最佳图像作为参考帧，软件会根据你的选择，将照片按照质量由高到低进行排列，以便于操作者舍弃质量较差的帧。

❹ 选择叠加原始帧。在工具栏中可以看到Alignment box，根据叠加目标的大小选择合适的方框，原则上需要将目标完全框中。然后点击鼠标左键确认，此时左上角的Align将变为可选，随即出现照片质量曲线图，根据该图点击右下角的Framelist一项，弹出照片列表，该表是按照照片质量由高到低排列的，将列表中的劣质帧删除，或直接向左移动滑动条。

❺ 对齐、叠加。点击Align，软件按照选择的原点开始对齐所选图片，然后点击Limited→Optimize and Stack，软件开始叠加。此时只需要等待，叠加的速度取决于叠加帧数的大小和电脑配置的高低。

❻ 锐化照片。软件叠加完成后会自动跳到下图所示画面。

活动步骤

画面中右侧从上至下设置有六项锐化滑动条，锐化程度由高到低，一般只使用最下面的一个。锐化后点击右下角的contrast，调整照片亮度和反差。

⑦ 保存照片。锐化完成后，只需点击右上角的蓝色图标SaveImage即可保存照片，如果是彩色照片可以点击工具栏中的Final一项，粗略调整照片整体的亮度、饱和度和色调。不过建议不用此项，最好直接保存锐化后的原始照片，然后用专业修图软件（如Photoshop）来处理。

除此之外，也可以根据需要将照片放大后再保存。可以在SaveImage一项旁边看到Resize，点击后可出现右侧中间的画面，然后将原图放大或者缩小，最后保存图像便可，可以将图像保存成bmp、jpg和png三种格式。

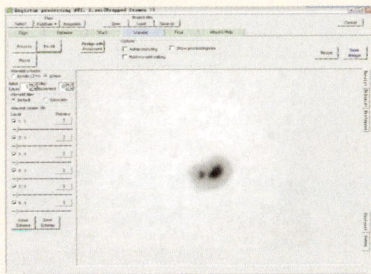

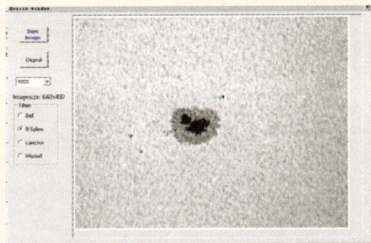

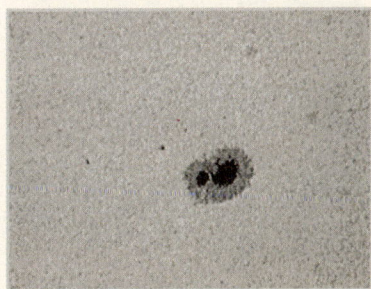

最终的太阳黑子照片

思考3： 利用软件将原始帧分成单帧后再叠加的作用是什么？为什么需要对照片进行锐化？

检测与评估

① 利用摄像头和望远镜拍摄太阳黑子。

❷ 使用 Registax 软件时，需要选择多少影像进行叠加才能使太阳像的处理效果最好？

资料与信息

❶ 曹军. 漫谈太阳黑子的拍摄［J］. 星光快讯. 2000（6）.

❷ 林宏钦. 数位天文摄影［J］. 台北星空. 2002 春.

❸ 包舜华. 太阳黑子观测影像处理系统［J］. 台北星空. 2002 冬.

提示与答案

阅读与思考

思考1：略。

实践与思考

思考2：略。

思考3：略。

检测与评估

❶ 略。

❷ 原则上来讲，叠加的影像过多，画面像质会降低，细节就会较少。因此，叠加影像的数量没有固定值，只能靠个人在实践中自行摸索。

幻彩阳光

HUANCAIYANGGUANG

8

从窗缝射进一束阳光，不经意间拿起手中的三棱镜，阳光便透过三棱镜，分解出红、橙、黄、绿、蓝、靛、紫七束连续的光来，好似雨后的彩虹。这是著名科学家牛顿曾经做过的实验，而他却忽视了这条"彩虹带"上蕴含的天机。

阅读与思考

　　法国著名哲学家孔德曾断言："恒星的化学组成是人类绝对不可能得到的知识。"然而科学家们终究没有被他的断言所束缚。

　　1814年，德国物理学家夫琅和费发现，在太阳的连续光谱上有许多条暗线。45年之后，基尔霍夫和本生又发现，高温下的化学元素发出的光是由一条条亮线组成的"明线光谱"。太阳光谱中蕴含的"天机"就此被揭开。

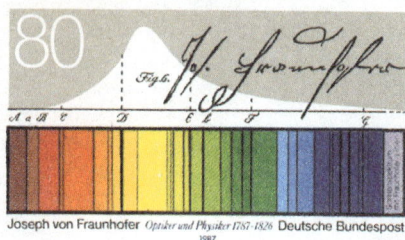

Joseph von Fraunhofer *Optiker und Physiker 1787-1826* Deutsche Bundespost 1987

　　经过进一步研究，基尔霍夫和本生发现每一种元素都有相对位置极其固定的明线，而且明线的位置绝不雷同。当他们将高温元素发出的光透过同样元素的低温蒸汽时，那些明线消失了，形成了一条条暗线，暗线的位置与明线的位置完全相同，由此他们开始思考太阳连续光谱带上那些暗线的形成原理是否与此相同。他们经过不断努力，终于发现太阳连续光谱上的那些暗线，是温度相对较低的太阳大气中的原子吸收了相应谱线而造成的。由此，一个长期困扰科学家的难题——太阳是由什么元素组成的——终于通过光谱分析法找到了答案。

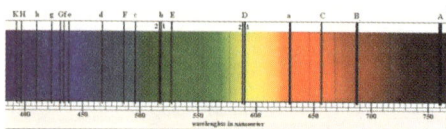

　　谈到太阳光谱，就要提到太阳元素——氦的发现。1868年，法国天文学家简森在观测1868年8月18日的日全食时，从太阳日珥的光谱中发现了一条明亮的黄色发射线，这条黄线与钠元素光谱的两条黄线截然不同。

　　后来，英国天文学家洛克耶尔通过光谱分析，断定这条黄线产生于太阳

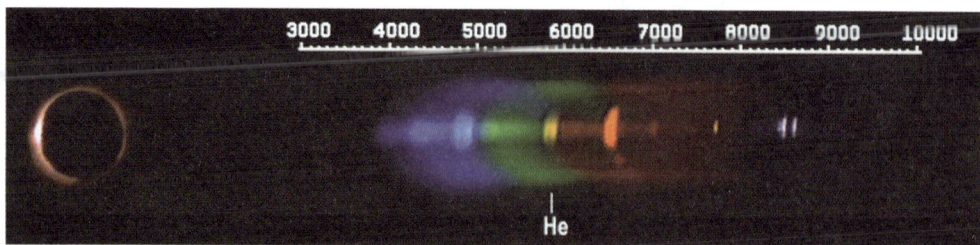

上的某种元素。后来这个元素被命名为"helium"，中译名为"氦"。

"helium"一词源于希腊语"helios"，意思是太阳，所以人们也将氦称为太阳元素。近代原子物理研究表明，氦元素是氢元素聚变后的产物。直到1888年，人们才在地球上找到了氦的足迹。氦是一种比较稳定的惰性元素，不易与其他物质发生化学反应。

可见光的颜色是由光的波长决定的，比如红光波长较长，紫光波长较短，而不同波长的光，折射率也不同。白光是由上述七种颜色的光混合在一起产生的，当阳光透过三棱镜发生折射后，七种颜色的光就被分解出来，并形成彩虹一样连续的光带，称之为"连续光谱"。

通过光谱分析，我们不仅知道了太阳上的元素，还可以了解到太阳大气的温度、压力、密度、磁场状况等知识。后来，基尔霍夫把从光谱中得到的秘密总结为一条规律：每一种化学元素在高温状态下都能产生辐射而发出自己的明线光谱；同时，在低温状态下，它又能吸收这些辐射，使连续光谱上出现与之相对应的暗线。

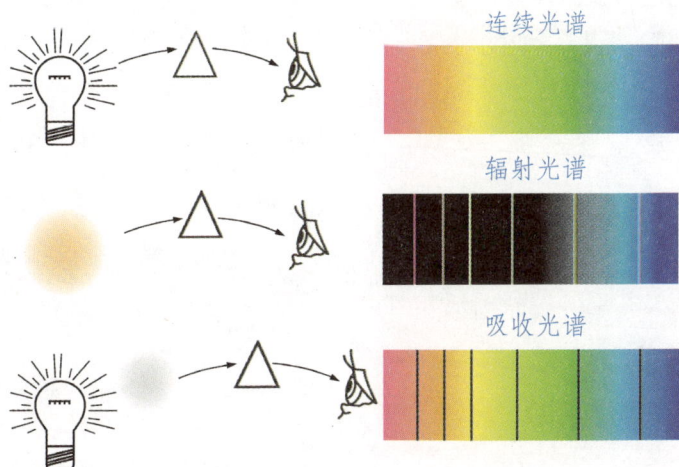

连续光谱

辐射光谱

吸收光谱

更加精密的光谱仪器是光栅摄谱仪。它利用光的衍射和干涉的叠加原理使混合光分解，从而得到光谱。在这种仪器中，最主要的光学原件是光栅，光栅是在一个光洁的特殊材料的平板上刻上若干条狭缝，天文学上一般用到的是每毫米刻有100~1 000条狭缝的大面积光栅，价格非常昂贵。

思考1：利用太阳光谱，人类是否已找全了太阳光中所包含的所有元素？

实践与思考

活动 **1** 制作简易光谱仪

活动任务

　　学生们没有条件制作精良的光栅或者花费巨资购买一台光谱仪，但善于观察的人总能找到解决问题的方法。很多人都看到过从CD光碟中反射出的七彩眩光，这是因为CD的数据轨道非常致密，可用作衍射光栅。但由于各个方向的光线混杂在一起，所以无法看到光谱。不过，如果只让一小束阳光照射在光盘上，就可以比较清晰地观测到太阳的光谱。

　　下面就来制作一个简易的光谱仪。当然，这个光谱仪不可能与专业的光栅摄谱仪相提并论，但我们还是可以从中发现一些玄机。

活动准备

　　DVD光盘、硬纸盒、剪刀、胶水、胶条、量角器、直尺。

活动步骤

　　❶ 在纸盒一侧开一条水平的狭缝，狭缝大小需要恰到好处，太宽会导致

活动步骤

谱线模糊，太窄则会导致亮度不足，一般以0.2毫米为宜。最好能设计一个可调节缝隙大小的装置，另外还要注意缝的边沿不要留有毛边。将光盘倾斜60°左右斜插在另一边，从纸盒上方开口观看（如下图）。如果狭缝大小合适，我们看到的会是光谱而不是狭缝。光盘摆放的角度要通过多次试验来决定。

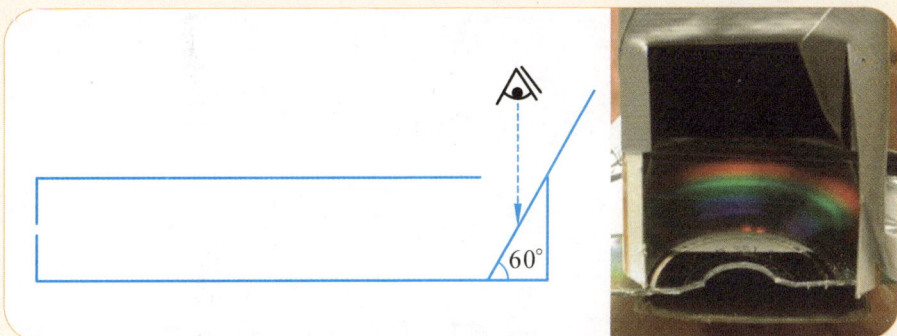

原理图与成图

❷观察太阳光谱，白天的自然光都可以当做太阳光，因为自然光源均来自太阳。由于直视时的太阳光比较强，我们可以将光谱仪稍稍偏离太阳，仅让一部分光透过狭缝即可。仔细观察，在连续光谱带上能辨认出几条暗线？同样，我们还可以对任何光源进行光谱分析，如灯、蜡烛等。但光源不同，光谱会

一位天文爱好者用自己制作的
天文简易光谱仪进行观测

千差万别，比如观察日光灯的光谱时，能够在连续谱线上看到一条亮绿色光带，这其实是日光灯中的汞（水银）元素发出的明线光谱。利用望远镜也可以观察天空中亮星的光谱。

思考2：用其他材料是否也能制作简易太阳光谱仪？

活动 **2** 拍摄太阳光谱

活动任务

　　为了更详细地观察太阳光谱，我们不妨利用之前介绍的拍摄月球和大行星的方法，将太阳光谱拍摄下来。

活动准备

　　简易光谱仪、飞利浦pcvc840k摄像头、电脑。

活动步骤

　　拍摄时可参阅第七单元"永照光辉"中拍摄太阳黑子的方法。这里需要注意的是：

　❶ 不要卸下摄像头前的镜头，在制作光谱仪的时候，尽量将观察孔设计成与镜头大小合适的圆孔，拍摄时将摄像头插入圆孔内，转动镜头调焦。

　❷ 拍摄时保证入射光平行于狭缝入射，保持光谱仪和摄像头的稳定。

　❸ 采用彩色模式拍摄，将白平衡一项设成全自动。

　❹ 锐化程度应以能够清晰辨认暗线为准。

　　思考3：拍摄一幅月亮光谱并与太阳光谱进行对比，看看两者是否相同。如果相同，思考一下为什么。

活动 **3** 光谱的分析

活动任务

　　根据光谱照片，参考有关光谱分析的书籍，可以从照片中辨认出每条暗

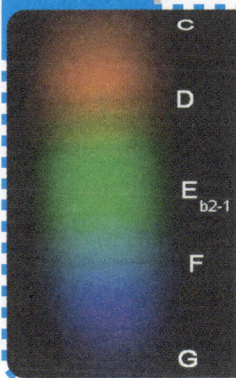

线所对应的元素（如左图）。看看在你拍摄的图片中能否看到新的暗线。

C－氢α，
D－钠，
E－铁，
F－氢β，
G－铁和钙。

思考4：人类观测到的木星光谱与太阳光谱有微小的差异，这些差异能够说明什么问题？

检测与评估

❶ 对比右侧两张摄于不同时间的太阳光谱图，看看它们有何区别。试分析产生这种差异的原因。（提示：a线为"氧"元素吸收线）

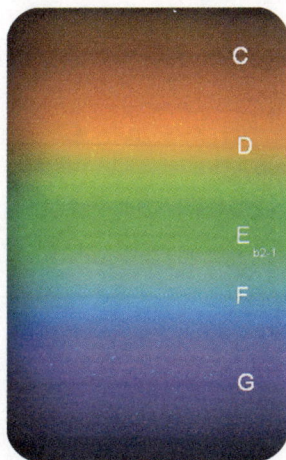

午后拍摄

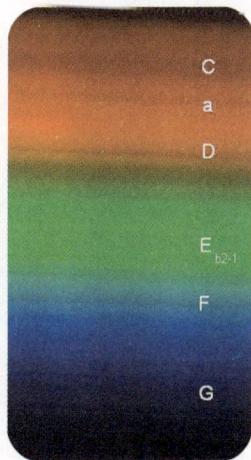

傍晚拍摄

❷ 试拍摄不同发光源（蜡烛、白炽灯、霓虹灯等）的光谱，分析该光源的发光原理和发光物体可能含有的元素。

❸ 如何观察钠、钙、铜等金属元素的明线光谱？自己设计一个实验。

资料与信息

❶ S.J.英格利斯. 行星 恒星 星系［M］. 北京：科学出版社，1979.

❷ 张元东，李维宝. 太阳黑子［M］. 北京：中国华侨出版公司，1989.

❸ E.G.吉布森. 宁静太阳［M］. 北京：科学出版社，1981.

提示与答案

阅读与思考

思考1：略。

实践与思考

思考2：略。

思考3：月亮光谱与太阳光谱是一样的，因为月亮是反射的太阳光，所以月光实际上来源于太阳，其光谱与太阳光谱当然是相同的。

思考4：这说明木星除了反射太阳光外，自身也产生有有微弱的光辐射。

检测与评估

❶ 提示：傍晚的阳光要比午后的阳光穿过更厚的地球大气层才能照射到地球表面，进入我们眼中。

❷ 可以找一些含有钠、钙、铜的金属盐，将它们的溶液浸在蜡烛的火焰中进行燃烧，然后通过光谱仪观察，就可以看到这些金属元素的发射光谱了。比如，我们可以用铂丝蘸取氯化钠（食盐）溶液在烛焰中燃烧，由于烛光的光谱是比较理想的连续光谱，所以在蜡烛光谱的背景下，我们很容易便可看到一条黄色的发射线，待溶液逐渐烧干，黄色的发射线就自然消失了，这条发射线就是钠元素的明线光谱。

❸ 略。

嫉妒的暗淡 9
JIDUDEANDAN

你把我的美丽变成灰尘，我再也不能被称为美丽的女神。战败的星辰在你的光辉中。噢，伟大的太阳，你由于嫉妒而暗淡。

阅读与思考

金星在中国古代被称为"太白星"，除了太阳和月亮外，它是全天中最亮的星星。在西方，金星则被称为维纳斯，是爱与美的女神。

金星常常被看做是地球的孪生姐妹，因为金星的大小、质量和密度都与地球比较接近。金星离地球最近时约为4 000万千米，是太阳系大行星中离地球最近的一颗。它同太阳的距离比地球近30%，其围绕太阳公转一周所需的时间约为225天，比地球要快一些。有趣的是，金星自转一周却需要243天，也就是说金星上的一天比它的一年的时间还要长！

金星凌日是指金星从地球与太阳之间经过，在地球上可以看到一个小黑点从日面上经过的天文现象。这种天文现象比较罕见，自1882年以后，整个20世纪都没有再发生过。

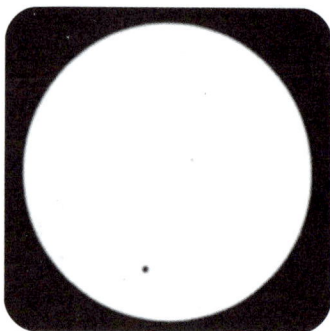

1882年的金星凌日照片

17世纪，著名的英国天文学家哈雷提出，金星凌日时，在地球上两个不同的地点同时测算金星穿越太阳表面所需的时间，由此能计算出太阳的视差，便可得出准确的日地距离。可惜的是，哈雷一生从未遇上过"金星凌日"。在哈雷提出他的观测方法后，共出现过5次金星凌日，每一次都受到了科学家们的极大重视。

哈雷及其利用金星凌日测定太阳视差的方法图

观测金星凌日，在天文学史上曾有着极其重要的意义。日地距离是度量太阳系大小的一把尺子，又称天文单位，但直到17世纪，人类仍无法确定它的具体数值。后来，著名的天文学家爱德蒙·哈雷首先提出了利用金星凌日测定日地距离的方法。1677年哈雷提议在全球范围测量金星凌日的时间，以确定地球与太阳的距离（称为一个天文单位，记作1AU）。经测量发现，在1761年、1769年、1874年和1882年，将会出现金星凌日。

哈雷虽然计算出距离其最近的一次金星凌日的时间是1761年，但他显然无法亲身经历。1761年，如哈雷所料，出现了金星凌日，但由于金星运动的路径太过接近太阳边缘，无法进行精确测量，天文学家们只好相约8年后再观察测量。1769年，在欧洲天文学家与航行至塔希提岛的库克船长的合作观测下，人类终于得到了精确的观测金星凌日的资料。值得一提的是，当时英法两国正在交战，但为了完成这项历史性的科学探测任务，法国政府特别下令法国海军不仅不得攻击库克船长的奋进号（Endeavour），而且必须保护其航行的安全。正是在国际合作之下，数百年来未解的"天文单位"才得以在这一难得的天象机会下见之于世人。我们需要简要了解一些真正的历史。

每隔120年左右，一个黑点就会穿越一次太阳。这个墨黑的小点近乎一个完美的圆，但它并不是一般的小黑点，因为不是每个人都能见到它。而历史上伟大的航海家、探险家和天文学家詹姆士·库克，也就是蜚声世界的库克

库克船长与金星凌日

船长，却与金星凌日有着一段不解之缘。

1768年8月26日，库克船长带领"奋进号"从英国港口城市普利茅斯起锚，向塔希提岛方向驶去。塔希提岛是南太平洋的一个岛屿，于1767年被欧洲人"发现"，当时那里荒芜人烟，尚未开发，就连地图绘制员也不知道地球的那个角落是否存在着大陆。对于当时的技术水平和环境而言，这次航行的困难程度绝不亚于现代人探索月球或火星的难度，库克需要带领"奋进号"

奋进号

在浩瀚数千英里的广阔海洋上航行，去寻找一块方圆仅20英里的陆地。在航行途中，危险的暴风雨会在毫无征兆的情况下忽然出现（事实也确实如此），一些未知的生命体也在海洋深处等待着他们。库克当时已经预料到，船上一半的船员可能会回不到英国。

但库克知道，这种冒险是值得的，因为这次出航不仅是为了寻找新大陆，而且还能观测到难得一见的金星凌日。库克在航海日志中写道："（1768年8月26日）下午2点，我们起锚远行，船上共有94人。""奋进号"上年轻的英国植物学家约瑟夫·班克斯不无浪漫地写道："我们离开欧洲，向天堂驶去，不知道要多长时间，也许永远吧。"他们的任务是在1769年前到达塔希提岛，然后落户于岛上，建立一个天文台，并观测金星凌日现象，希望通过对金星凌日的观测计算出太阳系的规模。而正是为了帮助这一科学愿望的实现，英国皇家学院为此次航行提供了经费。

太阳系规模的大小是18世纪科学界最主要的难题之一，而金星是揭开这一谜底的关键。埃德蒙·哈雷爵士在1716年便意识到了这一点。他认为，如果从地球上不同地方观测到金星凌日现象开始和结束的时间，天文学家就有可能运用视差原理计算出地球与金星的距离，而且还能测算出太阳系中剩余天体的规模。

但问题是金星凌日每243年才会出现约4次，共出现的规律通常是8年、121.5年，8年、105.5年，依此循环。如果库克和其他人在1769年未能观测到金星凌日，那么当时所有的天文学家在1874年的金星凌日出现之前，都可能已经去世了。

这次航行可谓危险重重。不过库克独出心裁，他用沙漏导航，用打结的绳索测算"奋进号"的速度，还运用了六分仪和年历，通过观察星星来估算"奋进号"的地理位置。值得称道的是，他们在1769年4月13日，也就是在金星凌日出现前约2个月就到达了塔希提岛。库克和他的船员们对塔希提岛十分陌生，但岛上却相当舒适，具备人类生活所需的必需品。岛上的居民也十分友好，希望与库克他们进行交易。班克斯认为"这是世外桃源最真实的写照——是一个人想象中的理想家园"。

1769年6月4日金星凌日出现的那一天，他们用从英国带来的特殊望远镜，观测到金星成了一个小黑点，在炫目的太阳盘面上慢慢穿过，但这种罕见的天文现象却无法与塔希提岛本身的魅力相比。班克斯的航海日志用622个字描述了那天的金星凌日现象，但其中描述金星的却不足100字。班克斯在谈到金星时说："我与塔洛国王、努娜和他们的几位主要随从一同去了观测站，与同事们一起观测。我们让他们看金星穿越太阳的情景，并让他们理解我们此行的目的。之后，他们离开了，我也跟他们一起走了。"

Mr. Banks shews the Indians the Planet Venus on the Sun.

班克斯在给大家讲解金星凌日

库克的描述稍微详细一些："那天可以说是天遂人愿，晴空万里，非常适宜观测。我们具备了我们所希望的观测金星凌日整个过程的所有优势：我们能非常清楚地看到金星周围的大气和朦胧的阴影，但这也干扰了我们看到金星与太阳接触的精确时间。"

库克船长在岛上观测金星凌日与手描图

"金星周围朦胧的阴影"一直是个大问题。穿过金星大气的强烈阳光使金星圆盘边缘显得很模糊，导致库克测算金星凌日持续时间的精确度降低。正是由于这个原因，库克测算的金星凌日持续时间与"奋进号"上的天文学家查尔斯·格林的一些数据不相符，他们观测到的金星凌日持续时间相差约42秒。

库克和格林都观测到了"黑滴效应"，也就是金星在接近太阳的边缘时——计算金星凌日持续时间最关键的时刻，太阳边缘一侧的黑色区域好像慢慢地接触到金星的现象。

你可以把拇指和食指靠近，模拟"黑滴效应"：把两只手指放在眼前，逐渐缩

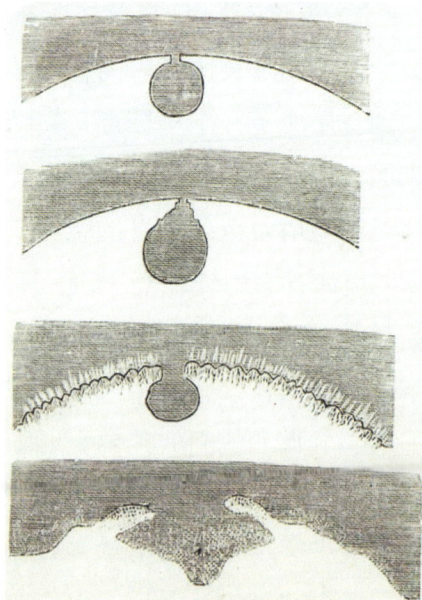

1769年观测的黑滴效应

小两只手指间的距离，在两根手指即将碰到一起之前，你可以看到手指之间的细缝有一个暗色带。天文学家约翰·威斯特法尔指出："这是两个模糊的由明变暗的梯度加在一起所产生的结果。""黑滴效应"（比如金星大气的模糊现象）使得天文学家很难确切判定金星凌日开始和结束的时间。

"黑滴效应"不仅对于塔希提岛上的库克来说是个问题，而且对于全世界所有的观测者来说都是问题。事实上，世界各地的天文学家都做出了很大努力，他们（包括库克）在地球上的76个观测点都对1769年的金星凌日现象进行了观测，但由于数据并不十分准确，所以仍不足以测算太阳系的规模。直到19世纪天文学家使用照相技术记录下一组金星凌日的照片时，人们才计算出了太阳系的大小。

思考1：你能否对"黑滴效应"做出不同于别人的解释？

1771年7月11日，"奋进号"终于返回英国港口迪尔。幸存下来的船员环游了整个地球。这是一次史诗般的航行，观测金星凌日反而成了库克探险行程中的一件"小事"。由于受到"黑滴效应"的影响，他观测的结果并不理想。而正是由于那次航行，人们将金星与库克联系起来。

1771年底，法国天文学家拉朗德（Lalande）根据这次珍贵的观测资料，首次计算出地球与太阳间的距离为1.52亿~1.54亿千米，与今日的测量值1.495 978 706 91亿千米甚为接近。

今天，人们使用无线电测距，可以得到更为精确的日地距离。但是观测金星凌日的意义仍然存在，它可以激发人类对更多领域的探索，如了解我们在宇宙中的位置、探索遥远恒星的类地行星等。

附：金星凌日的几个世界第一

1. 世界上第一个用肉眼观察金星凌日的人是阿拉伯自然科学家、哲学家法拉比（870—950）。他在一张羊皮纸上这样写道："我看见了金星，它像太阳面庞上的一粒胎痣。"据分析，法拉比目睹到的这次金星凌日发生在910年11月24日。

2. 世界上第一个向世人预告金星凌日的人是德国伟大的天文学家开普勒（1571—1630）。他在1629年出版的《稀奇的1631年天象》一书中写道：1631年12月7日将发生金星凌日。

3. 世界上首次用天文望远镜观察金星凌日的人是英国的天文学家霍罗克斯（1619—1641）和克拉布特里。他们在1639年12月4日用望远镜观察到了17世纪最后一次的金星凌日。

4. 世界上第一个提出用金星凌日测量太阳视差和日地距离（天文单位）的人是英国天文学家哈雷（1656—1742）。1716年，他建议在世界各地联合观察金星凌日，并论述了利用金星凌日测量太阳视差的方法，这是在当时精确测定太阳视差的理想方法。

5. 世界上第一个发现金星有大气存在的人是俄国科学家罗蒙诺索夫。他在1761年6月6日观察金星凌日时发现金星上有大气存在，这是人类首次在其他行星上发现大气。

实践与思考

活动 1 金星凌日的观测

活动任务

金星和地球围绕太阳公转的轨道和周期是固定的，因此金星凌日发生的时间也是有规律的。

金星凌日发生的频率与金星的会合周期有关。当金星与太阳处于相同的地心黄经时，称为金星合日，简称"合"；当金星位于日地之间时称为"下合"；而当金星位于太阳的另一侧时称为"上合"。金星的会合周期是指从地球上观测，金星连续两次以相同的运动方向、位于相同的黄道经度位置之间的间隔时间，简单地说，就是金星连续两次下合或上合的时间间隔，即583.92日。可见，金星的会合周期长于地球上一年、短于地球上两年的时间。

思考2：各行星会合周期的不同说明了什么？

观测金星凌日的方式有以下几种：目视观测、照相和摄像。无论哪种观测方式，对于金星凌日的光学观测，都要包括对凌日过程进行绘图，提供有用的观测数据，特别是需要附上一份详细的观测说明。

以上各种观测方法在记录时都要求在时间上准确至秒。如果对四个相切点进行计时观测，建议用录音机配合望远镜或摄像机记录时刻，尽可能达到0.1秒的精度。因为在金星凌日的整个过程中，为找到金星，需要记录预报的凌日开始外切在日面上的位置角，并仔细调整望远镜使其指向该位置。

尽管如此，凌日开始外切的计时还有可能会推迟，但可以通过回放录音机或摄像机的记录来定出准确的接触时间。

当金星接近凌始时，有条件的观测者可以使用H-α滤光片，通过它能够看到金星的轮廓显现在太阳的色球层中；同样，这一现象也可以在凌终后看到。不过，这个现象只存在几分钟。

凌始内切、凌终内切和凌终外切通常都能被准确计时。对四个切点准确计时的主要科学价值，是可以用来精确地确定太阳的直径。

活动任务

一旦金星切入太阳的现象变得明显了，就可以把望远镜的视场中心调整到金星上，并不断调整望远镜，使金星从与太阳相切直到穿过太阳表面的整个过程中，一直处于望远镜的视场中心。

活动步骤

方法一：利用电焊片或日食滤光片观测金星凌日

由于凌日时金星处于下合位置，视直径接近1角分，即视大小为太阳直径的1/30，因此只要采用正确的保护措施，比如使用14号的电焊片，或者专用的太阳滤光膜，就可能不使用任何特殊的仪器而可以用肉眼直接观测到金星凌日现象。当然，由于未经放大，金星靠近太阳圆面边缘时所产生的"黑滴"等细微现象就难以观察到了。

在通过电焊玻璃片观察金星凌日时，视野内除太阳以外其他都是很暗的，因此，像在夜间进行观测一样，需要使眼睛尽快适应黑暗环境。可以采取这样的做法：身体朝向太阳，低头看地面，将电焊玻璃片拿到鼻梁上方；慢慢地抬起头来面对太阳，在此期间让电焊玻璃片一直挡在眼前。如果等眼睛被阳光晃到后再挡上玻璃片，既不安全，又需要更长的时间来适应突如其来的黑暗。

市面上可以买到用于观测日食的太阳减光眼镜或日食观测卡，使用这样的眼镜或观测卡来观看金星凌日是适宜的，但使用前应仔细检查上面的镀膜是否完好，以及是否有小孔等。

方法二：投影法观测金星凌日

利用小孔成像的原理，制作一个简单的针孔投影装置来观察金星凌日，是一个简单、方便且有效的方法。

根据经验，要想获得最清晰的投影像，针孔的直径 d 与投影距离 F（也是焦距）的关系应为 $d = 0.036\,79 \times$ SQRT（F），其中 d 和 F 均以毫米为单位，SQRT 表示取平方根。

用针孔投影来观测太阳是一个间接而安全的方法，在观测日食时经常采用。这种方法存在的缺陷与直接用肉眼观测的缺陷一样，由于没有经过光学放大，"黑滴效应"和金星在跨越太阳边缘时产生的环绕辉光都可能无法辨别出来。

方法三：用望远镜观测金星凌日

当然，金星凌日最好通过安全减光的望远镜来观测。在使用太阳滤光片后，可以观测到金星、"黑滴"和太阳黑子。

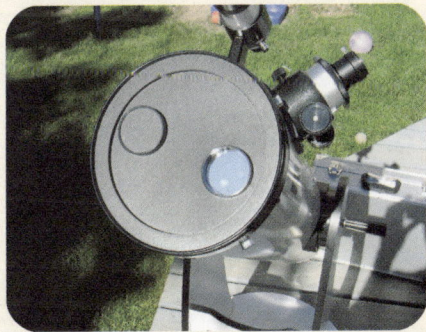

在望远镜物镜前加装合适的太阳滤光镜或滤光膜后就可以进行金星凌日的观测了。根据所用滤光膜材料和工艺的不同，太阳像可能会呈现为橙色或蓝色。需要注意的是，一定要使用置于望远镜物镜前的滤光片，切勿使用装在目镜前或目镜后的小滤光片进行观测！

寻星镜最好拆卸掉，即使在已经把镜头盖盖好的情况下。在实际观测中就曾发生过因为疏忽而使寻星镜直接对准太阳聚焦而损害设备和烧坏观测者衣服的事故。

方法四：用投影放大法观测金星凌日

通过目镜将太阳像投影到投影板上进行观测，这是观测太阳黑子、行星凌日和日食的标准方法之一。这种方式很适合群众性的观测活动。下图所示为望远镜投影放大观测原理。

运用投影放大法观测时需要注意以下几点：

❶ 不要让望远镜长时间地指向太阳，以免镜片因过热而被损坏；

❷ 如果使用的目镜镜身材料是塑料材质，更要注意其可能因为温度过高而产生变形；

❸ 一些没有经验的观测者可能会试图用肉眼直接在目镜后观看。因此，望远镜旁必须有专人进行指导。在暂时无人看管时，应将望远镜指向安全的目标并加以固定。

除使用天文望远镜外，也可以用双筒望远镜进行投影观测。需要注意的问题也是一样的，只是双筒望远镜的固定会稍微麻烦些。

方法五：摄影与摄像观测金星凌日

有关步骤请大家参考本书第四和第六单元的相关内容。

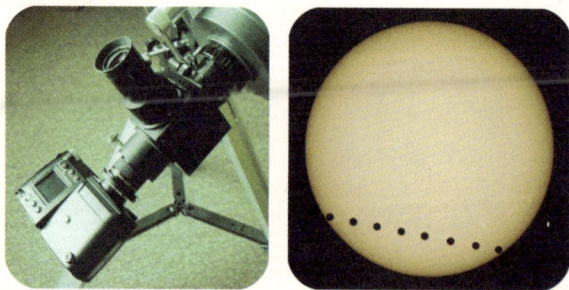

活动提示

在做任何与太阳有关的业余观测时，首先应考虑的因素就是安全！观测金星凌日时也是如此。

① 如果目视观测金星凌日，观测者必须全程使用适当的减光装置来保护眼睛，以免受到强烈阳光的伤害。当然也不必过分紧张，只需要按照下面的做法，就可以安全地观测到金星凌日。

② 不要使用太阳镜直接观测金星凌日，更不要在没有任何防护的情况下直接用肉眼观看！具体地说，就是不要在仅佩戴太阳镜的情况下去观察太阳！因为即便是在清晨和黄昏，普通的太阳眼镜也无法为你的眼睛提供足够可靠的保护。而且，太阳镜的减光量极小，在强烈的日光映衬下，日面上的金星这个小黑点将淹没在背景中很难被观察到。

③ 无论你采取什么样的观测方法，都不要长时间地凝视太阳，要让眼睛间歇性地休息。

检测与评估

① 熟悉文中所介绍的五种观测金星凌日的方法。

② 在凌始和凌终阶段，金星视轮边缘会镶上一丝极细的"晕环"或"光环"，它们是什么？

③ 在凌日时发生的"黑滴"现象的成因是什么？

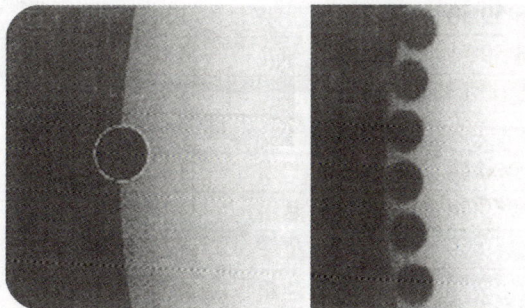

光环现象　　　"黑滴"现象

资料与信息

① 星光快讯〔J〕. 2003. 6-7 纪念版.
② 天文爱好者〔J〕. 2004（4）.
③ 台北星空〔J〕. 2004 夏.

提示与答案

阅读与思考

思考1：略。

实践与思考

思考2：由于金星轨道面与黄道面之间有一个小的倾角，因此并非每次金星下合都会出现凌日。在每年的12月初和6月初，金星轨道与黄道面的交点正好位于地球和太阳之间。如果此时的金星正好处于下合的位置，就会发生金星凌日了（见下图）。

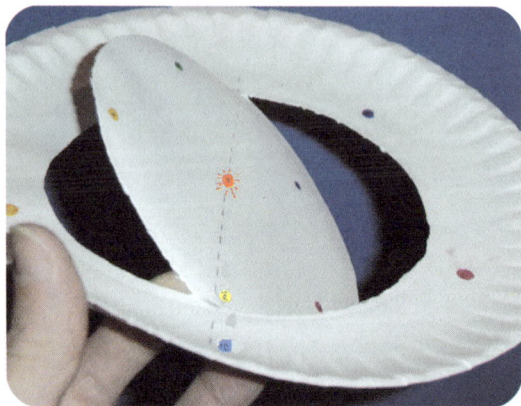

具体来说，12月初，如果金星位于黄道的升交点，此时发生的是升交点的金星凌日；6月初，如果金星位于降交点附近，此时发生的是降交点的金星凌日。

如后图所示，图中横线是黄道，斜线是金星运动的轨迹，在最近3次金星经过降交点附近时，从地球上看只有2004年和2012年金星正好在从太阳面前经过。

在内行星中，水星围绕太阳公转的速度比金星快，水星的会合周期较短，因此水星凌日更为频繁，每一个世纪就有13或14次水星凌日。水星凌日一般发生在5月8日或11月10日前后。最近的两次水星凌日是在2003年5月7日和2006年11月8日。相比之下，金星会合周期较长，金星凌日的发生机率较小。

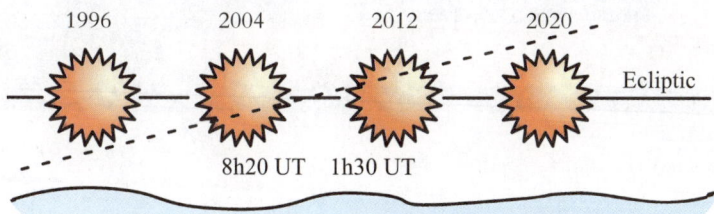

1996 2004 2012 2020

8h20 UT 1h30 UT

Ecliptic

检测与评估

① 略。

② 这个"晕环"是由于金星大气层顶部反射、散射阳光形成的。目镜投影可以看到，但在望远镜上加滤色片会更清楚。"晕环"的大小变化，环亮度的均匀程度，是否能在太阳圆轮的背景下进行观测，都是很有意思的。如果使用特殊的设备，甚至可以尝试对这个"晕环"做光谱测定，可获得金星大气层成分的资料。

③ 成因是大气层的视宁度、光的衍射以及望远镜"极限分辨率"的作用造成了视轮边缘的模糊不平滑。

即使视宁度绝佳、光学仪器接近完美，如果我们不具备无穷大的望远镜口径，就仍要受制于"光学衍射"，衍射会使金星圆面的边缘变得模糊，产生"黑滴"。而且，眼镜、摄影胶片和CCD本身的缺陷也会造成图像的模糊，从而观测到在金星与太阳相内切时两个边缘连接起来的假象。

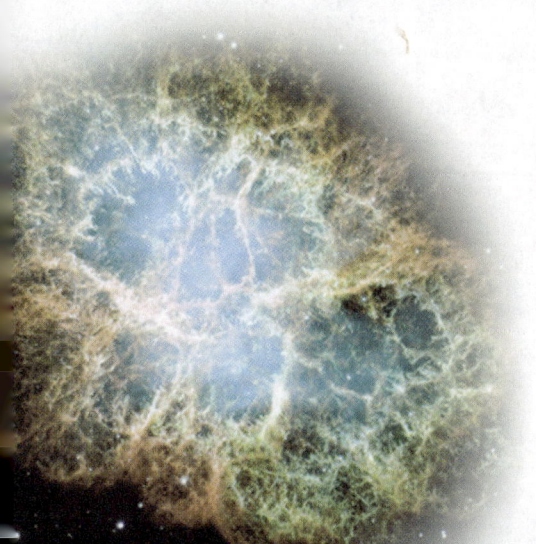

10 食的震撼
SHIDEZHENHAN

太阳出来，光芒四射，万里晴空，瀑布滔滔……天色突然阴沉了，大雪纷飞，狂风呼啸……我全身战栗，只为体会那光明与黑暗骤然交替的震撼。我知道，太阳还会照耀。

阅读与思考

在科学不发达的古代，人们无法明白日食发生的原因。每当日食出现，人们都非常恐慌，敲盆击鼓。古代统治者把日食看做是上天的警告，因此对日食观测极为重视。

中国古代就设有专门的机构和官员负责记录日食。相传公元前2000多年的夏代，有一位叫羲和的天文官员因沉湎酒色而漏报了日食，被斩首。中国历代都有专门的观测者，因而中国古代留下的日食记录相当丰富。据统计，到清代为止，排除甲骨文，仅史书记载的日食就有1 000次以上，这是一份十分宝贵的科学遗产。

记载最早的一次日食发生在大禹三年，大禹在平定三苗之乱时，由此可推算出当时为公元前1912年，距今已有3 921年。因为日食计算涉及太阳和月球的运动，所以，中国古代不少天文学家利用日食记录来验证自己的历法。现在，古代日食记录有了更多的用途。1969年，有人利用公元2年以前的25次古日食记录来计算地球自转速率的长期变化（逐渐变慢），其中有9次记录就是中国的。世界天文学家普遍认为，中国古代日食记录的可信程度是最高的。

在西方为人们所津津乐道的一件事，就是天文学家泰勒斯因为正确地解释了日食的原因，并曾预测了一次日食，而制止了一场战争。

当时，米底王国与两河流域下游的迦勒底人联合攻占了亚述的首都尼尼微，亚述的领土被两国瓜分了。米底占有了今伊朗的大部分，准备继续向西扩张，但受到了吕底亚王国的顽强抵抗。两国在哈吕斯河一带展开了激烈的战斗，连续五年也没有决出胜负。

战争给百姓带来了灾难，百姓们流离失所。泰勒斯预先推测出将来某一日会有日食，便宣告上天反对人世的战争，某一日必以日食作为警告。当时，没有人相信他。但不出泰勒斯所料，公元前585年5月28日，当两国的将士们短兵相接时，天突然黑下来，白昼顿时变成黑夜，交战的双方惊恐万分，不久便停战和好，后来还互通婚姻。

战争结束了，但人们更为关心的是一个重要的问题：泰勒斯是怎样预知日食的呢？后人做过种种推测和考证，一般认为他是应用了迦勒底人发现的沙罗周期。一个沙罗周期等于223个朔望月，即6 585.321 124日或18年零11日（若其间有5个闰年则为18年零10日）。日月运行是有周期性的，同样，日食月食也有周期。日食一定发生在朔日，假如某个朔日有日食，18年11日之后，日月又大致回到原来的位置上，很有可能于这一周期后再次发生日食。不过一个周期之后，日月位置只是近似相同，所以能看见日食的地点和日食的景象都可能有所变化，甚至根本不会发生日食。

思考1：沙罗周期只适用于日食吗？

日食是太阳圆面被月球遮掩的现象。根据交食的情况，可分为日全食、日偏食和日环食。

日食必定发生在"朔日"（即农历初一）。地球和月球都是不发光的球体，它们在太阳的照射下，背向太阳的一面必然会产生黑影。当月球运行到太阳和地球之间时，如果太阳、月亮和地球正好位于或接近位于同一直线上，便产生了日食。

一次日全食的过程可以分为以下五个阶段：初亏、食既、食甚、生光、复圆。

1. 初亏

由于月球自西向东绕地球运转，所以日食总是在太阳圆面的西边缘开始的。月球的东边缘刚刚接触到太阳圆面的瞬间（即月面的东边缘与日面的西边缘相外切的时刻），称为初亏。初亏也就是日食过程开始的时刻。

2. 食既

初亏开始后，就是偏食阶段了。月亮继续往东运行，太阳圆面被月球遮掩的部分逐渐增大，阳光的强度与热度显著下降。当月面的东边缘与日面的东边缘相内切时，称为食既。此时整个太阳圆面被遮住，因此，食既也就是日全食开始的时刻。

在太阳将要被月球完全挡住时，日面的东边缘会突然出现一弧像钻石似的光芒，就像钻石戒指上引人注目的闪耀光芒，这就是钻石环，同时太阳边缘在瞬间出现一圈发光的亮点，像一串光辉夺目的珍珠高高地悬挂在漆黑的天空中，这种现象叫做珍珠食。天文学家贝利最早描述了这种现象，因此这一现象又称为贝利珠。

贝利珠

由于月球表面有许多崎岖不平的山峰，所以当阳光照射到月球边缘时，就形成了贝利珠现象。贝利珠出现的时间很短，通常只有一两秒，紧接着太阳光就全部被遮盖住而发生日全食了。

思考2：贝利珠之于日全食意味着什么？

3. 食甚

食既之后，月轮继续东移，当月轮中心和日面中心相距最近时，即为食甚。对于日偏食来说，食甚是太阳被月球遮去最多的时刻。食甚即日全食。

日全食时，大地变得昏暗，鸟兽惊慌，逃回巢穴。这时天空中就会出现一番奇妙的景色：明亮的星星出来了，在原来太阳所在的位置上，只见暗黑的月轮周围呈现出一圈美丽的、淡红色的光辉，这就是太阳的色球层；在色球层的外面还弥漫着一片银白色或淡蓝色的光芒，这就是太阳外层的大气——日冕；在淡红色色球的某些地区，还可以看到一些向上喷发的火焰似的云雾，这就是日珥。日珥是色球层上部的气体猛烈运动所形成的气体"喷泉"。

色球层、日珥、日冕都是太阳外层大气的组成部分，平时在一定的条件下也可以观测到，但在日全食时，这些现象可以看得非常清楚。

4. 生光

日全食后，月球继续往东移动，当月面的西边缘和日面的西边缘相内切时，称为生光，它是日全食结束的时刻。在生光即将发生之前，钻石环、贝利珠的现象又会出现在太阳的西边缘，但很快就会消失。接着，太阳西边缘又射出一线刺眼的光芒，原来在日全食时可以看到的色球层、日珥、日冕等现象迅即隐没在阳光之中，星星也消失了，部分阳光重新普照大地。

5. 复圆

生光之后，月面继续移离日面，太阳被遮蔽的部分逐渐减少，月面的西边缘与日面的东边缘相切的瞬间，称为复圆。这时太阳又呈现出圆盘形状，整个日全食过程即宣告结束了。

日偏食的过程和日全食的过程大致相同，由于它只发生偏食，因此就

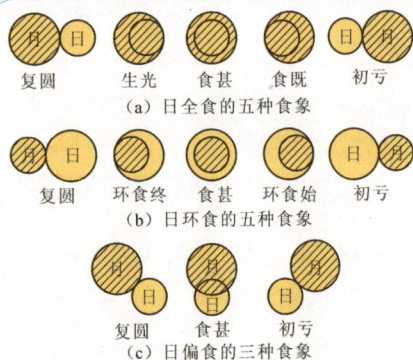

复圆　　生光　　食甚　　食既　　初亏
（a）日全食的五种食象

复圆　　环食终　　食甚　　环食始　　初亏
（b）日环食的五种食象

复圆　　食甚　　初亏
（c）日偏食的三种食象

只有初亏、食甚和复圆三个阶段，而没有食既和生光这两个阶段。日环食则有初亏、食既、食甚、牛光和复圆五个阶段。

在日食的预报中，我们常常可以看到"食分"这样一个词，它用来表示日食的程度。对于日食而言，食分并不表示太阳圆面被遮掩的面积，而是表示日面直径的被遮部分与太阳直径的比值。以1作为太阳的直径，如果食分为0.5，这就表示太阳的直径被遮去一半；如果食分大于或等于1，就表示太阳的整个圆面被遮住，即为日全食。食分越大，日面被遮掩的程度就越大。日偏食的食分小于1，日全食的食分等于或大于1。

日食时间的长短，同月球影锥在地面上移动的速度以及地球的自转方向有关。以日全食为例，由于月球的视直径仅略大于太阳的视直径，同时月影在地面的移动速度很快，因此日全食的时间是很短暂的。在全食带的某个地点所看到的日全食时间通常只有两三分钟，最多不超过7分钟。如果全食带经过赤道附近地区，日全食时间就可以延续到7分40秒，这时是观测日全食的最好机会。

日食时月亮投射到地球的阴影

食带

在发生日环食时，月球位于远地点附近，这时月球的运行速度较慢，因此日环食的时间比较长。如果日环食发生在赤道附近，在赤道附近观测日环食的时间可长达12分42秒。

就全球范围来说，如果把月球半影开始遮掩日面的时间计算在内，日食的时间由初亏至复圆

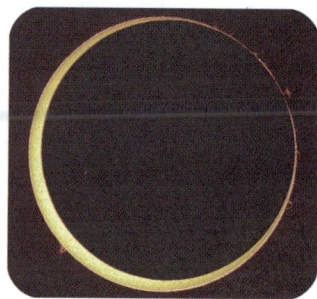

可长达三个半小时。

日偏食发生时，由于月影范围大于其本影，交食的时间长短要视食分的大小而定，食分愈大，时间就愈长。

由于月球的影锥又细又长，所以当它落到地球表面时，所占的面积很小，最多也不会超过地球总面积的万分之一，其直径最大也只有260多千米。当月球绕地球转动时，其影锥就在地面上自西向东扫过一段比较长的地带，在月影扫过的地带，都可以看见日食。所以这条地带称为"日食带"。带内发生日全食的，为全食带；带内发生日环食的，为环食带。可以看到偏食的范围则十分广阔，已经不像一条带子，而是很大的一片地区。

全食带是一条宽度二三百千米，长约数千到一万千米的狭窄路径（有时全食带的宽度甚至只有几千米），只有在全食带扫过的地区才能看见日全食或日环食。全食带的两旁是较广阔的半影扫过的地区，在这些地区内可以看见偏食。离全食带愈近的偏食区，所见偏食程度愈大；离全食带愈远的地区，可见偏食程度愈小；半影区以外的地方则看不见日食。

由于月球自西向东运行，所以它的影子也沿同一方向运行，因此各地看到日食的时间是不同的。当地面上的西部地区已经处在黑影区域内，这一地区的人已经看到日食时，东部地区的人却不能在这一时刻看到日食，必须在月影向东移至此处后才能看到。所以，西部地区的人总是比东部地区的人早一步看到日食。

日食是一种罕见的天象，特别是日全食更为罕见。对某一个地区而言，看到一次日全食的奇异壮观景象很不容易。

日食每年都会发生，但由于全食带是一条狭窄的影带，据估计，平均每200~300年，某一地区或城市才有机会被全食带扫过，所以，对于永远只住在一个城市的人来说，一生看到一次日全食的机会也相当小。

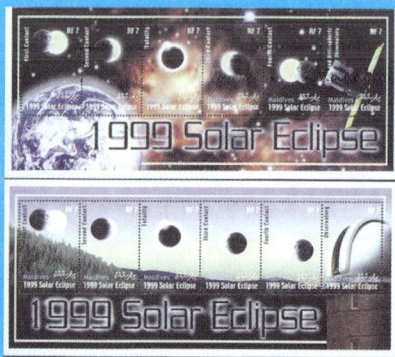

由于科学水平的限制，在中世纪以前还谈不上对日食进行科学的研究。直到16世纪中叶天文学和其他学科的发展，人们对日食的观测研究水平才得到了不断的发展和提高。

日食可以为研究太阳和地球的关系提供良好的机会。太阳和地球有着极为密切的关系，当太阳上产生强烈的活动时，它所发出的紫外线、X射线、微粒辐射等都会增强，能使地球的磁场、电离层发生扰动，并产生一系列的地球物理效应，如磁暴、极光扰动、短波通讯中断等。在日全食时，由于月球逐渐遮掩日面上的各种辐射源，会引起各种地球物理现象发生变化，因而日全食时进行各种相关地球物理效应的观测和研究具有一定的实际意义，并且这些相关研究已成为日全食观察研究中的重要内容之一。

观测和研究日全食，还有助于研究相关天文、物理方面的许多课题。利用日全食的机会，可以寻找近日星；可以测定星光从太阳附近通过时的弯

曲，以检验广义相对论；可以研究引力；可以研究日食发生时的气象变化、生物反应的性质等。

日食时可以取得平时无法取得的观测资料，对日食的观测研究不仅有助于对太阳物理本身进行研究，还有利于进行日地空间和地球物理学等学科的研究。正因为如此，日全食观测已越来越引起许多科学部门的兴趣和重视。每次日全食发生时，都有一些国家组织专门的观测队伍，不辞辛劳地奔赴日全食带现场进行各类学科的观测研究，以期得到宝贵的资料。

思考3：为什么这些观测队伍要不辞辛劳地观测日全食？

实践与思考

活动 1 日食成因的模拟实验

活动任务

在黑暗的房间中，以强光手电发出的光作为太阳光，做一个日食的模拟实验。

日食就是月球位于太阳和地球之间，月球挡住了来自太阳的光线而出现的现象，处于阴影中的人们可以看到日食。

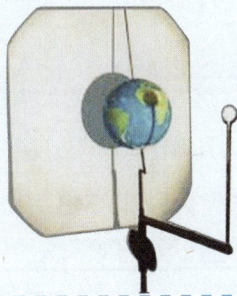

活动步骤

❶ 将地球仪钉放在墙壁上。

活动步骤

❷ 打开强光手电，将光线射向地球仪。

❸ 用一根木棍拴住小白球。

❹ 小白球转动到强光手电和地球之间时，就形成了日食现象。

思考4：实验所用图所揭示的日食现象的原理是什么？

活动 2 日食的观测

活动步骤

方法一：目视观测

在太阳部分亏缺时，阳光仍然会很刺眼，观测时必须采取有效的减光对策，千万不要直接用肉眼去看太阳。可以采用以下几种简单的办法进行观测：

❶ 将脸盆中盛满水，放入墨汁，日食时从脸盆中看太阳的倒影。

❷ 找块玻璃板，用煤油灯把它熏黑，日食时隔着这块熏黑了的玻璃板看太阳。

❸ 找几张120的照相底片，把它们重叠起来，日食时隔着这些底片看太阳。可以根据太阳光的强弱随时增减底片张数，还可以将其装在自己制作的眼镜框上，以方便使用。

❹ 如果有树阴，可以看树下地面上的日食投影。

思考5：还有没有其他更好的目视方法？

方法二：望远镜描图与摄影观测

不要直接通过望远镜看太阳，否则会灼伤眼睛。用望远镜观测太阳时，要先找几张照相底片，剪成合适的形状，装在物镜的前面。注意要装牢，防止移动望远镜的时候底片滑掉。比较妥当的办法是使用投影板。将投影板安装在目镜的一端，调整目镜焦距，使投影板上出现清晰的太阳像以便观测日食的全过程。

发生日食之前，对于日食的时刻、方位以及日食的整个过程，一般都有预报。我们要根据预报做好准备，除准备观测用具外，还要准备一些日食观测纸。日食观测纸上有一个大圆，圆上逆时针方向依次标有0°～360°。记录的时候，大圆表示太阳的圆面，0°位置表示太阳的北点。为了了解日食的全过程，要在从初亏到复圆的各个阶段，每隔一定时间画一张食像图。

对于日全食，从食既到生光只有三四分钟，有时不足一分钟，要在这段时间内描绘一到两张或者三到四张食像图。

初亏的时刻和方位是比较难测准的，在预定的时刻到来之前，需要密切注意预报的方位。当出现初亏现象，就立即记下该现象出现的时刻以及太阳圆面和月亮圆面相外切的切点方位。初亏以后，太阳圆面和月亮圆面相交于两点，每次观测时都要记下观测时刻和两个交点的方位，并且及时把食像描绘在日食观测纸上。只要把这项工作做得仔细，你就会获得一套日食全过程的食像图。

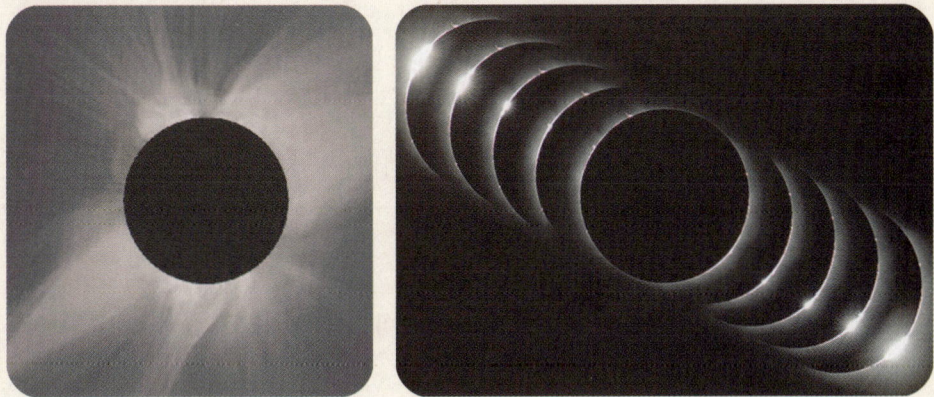

活动步骤

　　观测日全食的机会对于天文爱好者来说是十分难得的。因此，每个人都需要熟悉所用仪器，掌握操作方法，学会做观测记录。最好预先排练几次，使在实地观测日全食时不会忙乱，能及时准确地记下日全食的种种现象。观测场地要预先选择好，保证能看到日食的全过程。

　　日食光谱摄影可参考本书第六和第八单元中的部分观测内容。

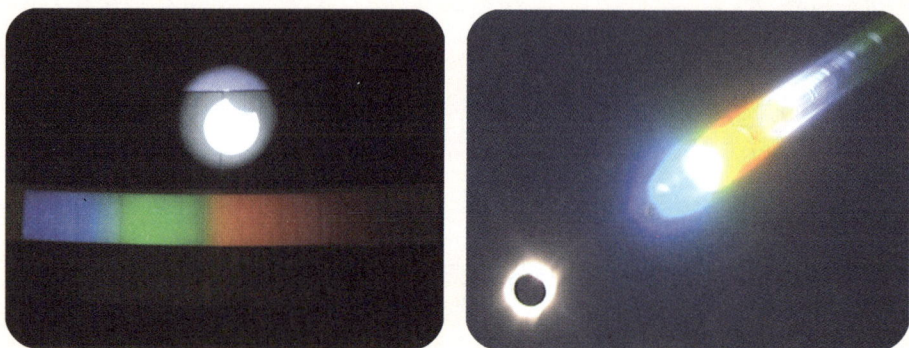

方法三：其他观测

①日珥

　　观测日全食的时候，要尽快数一下有几个日珥，并且把它们的位置、形状、大小和颜色记录下来。一般来说，日珥是火红色的，但也曾发现过其他颜色，所以观测时，对颜色也要仔细判别。

②贝利珠

　　观测贝利珠并没有特殊的科学价值，但这是一种有趣而美丽的现象。当发现月面边缘有贝利珠现象出现时，记住它的方位、形状和珠的数量，并立即画下来。食既瞬间，贝利珠一般出现在太阳的东边缘，生光瞬间，贝利珠一般出现在太阳的西边缘。

③月球影子

　　在日全食即将来临和刚要结束时，我们可以看到月球影子由西向东迅速移动。要观测月影，必须登上比较高的地方，事先选择几个大致东西向排列的、到观测点距离不同的远方目标，如大建筑物、电线杆、高树、山坡等，并测量出它们到观测点的距离（也可以事后补测）。观测的任务是测出影子从远方目标到达观测点的时间。由于影子移动速度快，计时要用秒表或者采用数数的方法。根据距离和时间，便可以计算出月影移动的速度。月影移动的速度约为每秒1千米。

④ **天空亮度**

日全食时的天空亮度可以用肉眼能看到的最暗星等来表示。食甚前后，在天空中找寻肉眼能够看到的最暗的星，对照星图判断出这颗星的星等并记录下来。另外，也可以同当天日落后一定时间的天空景色相比较。

⑤ **气象变化**

日全食的时候，天气会发生突然变化。在日食开始之前需要认真测定气温、气压、湿度、风向、风力等天气要素。从日食开始到日食结束需要每隔5分钟测量一次这些天气要素，在日全食的过程中隔2分钟就需要测量一次。

另外，在日全食来临时，要注意观测和记录家禽、家畜、飞鸟、走兽、昆虫等的异常状态，比如突然鸣叫、聒噪不安、惊慌奔跑、回巢安息等。

❶ 根据《天文普及年历》，查出本地可观测到的日食的种类和时间。熟悉本次日食的数据，并以适当形式提前进行宣传。

❷ 对天文小组事先进行培训和分工，两个人一组。观测时一人专事观测和计时（计时工具应与电台校准，精确到秒），另一人专门负责记录和绘图。

活动提示

❸ 开始前必须认真检查观测工具，以不刺目为标准，以免灼伤眼睛甚至导致失明。

❹ 提前10分钟到达观测场所，认真观测，记下日食全过程中各阶段的确切时刻，并仔细绘出食况图。

❺ 有条件的学校（主要是针对高中学生），还可以同时开展对地磁场、地球重力、电离层等项目的观测。

 **检测与评估**

❶ 看图，自己按图设计一个日食模拟实验，并说出原理。

❷ 目视描绘与拍摄日食。

❸ 沙罗周期是多长？这个周期是仅针对日食而言的吗？

资料与信息

① 刘步林，成松林. 简明天文学手册［M］. 北京：科学出版社，1984.

② 中国科协青少年工作部，团中央宣传部. 青少年科技活动全书——天文分册［M］.
北京：中国青年出版社，1984.

提示与答案

阅读与思考

思考1：略。

思考2：略。

思考3：略。

实践与思考

思考4：略。

思考5：略。

检测与评估

① 提示：从此实验中，我们可以了解日食是由于太阳圆面被月球遮掩所产生的现象。从中可看到三种交食的现象：日全食、日偏食和日环食。

② 略。

③ 提示：沙罗周期也可应用到月食当中。

11 追寻太阳的航程
ZHUIXUNTAIYANGDEHANGCHENG

　　清晨，一轮红日从漫天红霞中喷薄而出，把万丈金光洒向大地。它赶走了黑夜的沉寂，带来了光明和希望。世界因为它才充满生机，人们不能不热爱和赞美赐予我们生命和力量的源泉——太阳。我们将永远追寻它！

阅读与思考

"大荒之中，有山名成都载天。有人珥两黄蛇，把两黄蛇，名曰夸父。后土生信，信生夸父。夸父不量力，欲追日景，逮之于禺谷。将饮河而不足也，将走大泽，未至，死于此。" "夸父与日逐走，入日。渴欲得饮，饮于河渭；河渭不足，北饮大泽。未至，道渴而死。弃其杖，化为邓林。"

上面这两段文字分别出自《山海经·大荒北经》和《山海经·海外北经》，说的就是夸父逐日的神话故事。

在神话传说中，为了追寻太阳的足迹，夸父干渴而死。不过现在，天文爱好者们却追踪到了不少黎明或傍晚甚至是深夜的太阳光。

白天，晴朗的天空高挂着耀眼的太阳，可是在日出前或日落后，你认真观察过天空吗？除了云霞以外，你还发现过什么有趣的奇妙现象？在有云或雾的天气里，你又发现过什么奇异的现象？

一、云隙光和反云隙光

阳光通常都是沿直线传播的。当天空有能透光的云时，白天阳光穿过云隙，可以形成云隙光。

实际上，透过云层的阳光照射到球状的天空后就成为巨大的圆。当太阳高度角较小时，来自落日或旭日的云隙光看上去就像在天空的另一边重新汇聚了起来，这样就形成了一个与太阳成180°的反日点，这种汇聚的光线就称

为反云隙光。它是落日或朝阳和一些恰到好处的云彩共同形成的效应。在上页中靠右的照片上，落日的方向与相机的朝向正好相反。

二、金星带

每当无云的黎明或黄昏，日出之前或日落以后，在曙光或暮色中，地平线以上的部分大气会有一点点的色偏，看上去有点粉红，这就是所谓的金星带，准确的名称应该是反曙（暮）光弧。

这条偏色的金星带介于黑暗与蓝天之间，几乎可以在每一个方向看到，甚至在与太阳相反的方向。其上方的蓝天是由于大气散射太阳光造成的。而金星带则是散射来自呈现更红的旭日（或是夕阳）的光，因此显得偏红。

只要地平面附近的大气足够清晰干净，在任何地方都可以看到金星带。而在与日出或日落相反的方向上、色彩微妙的金星带之下，向远方延伸的楔形地球暗影会显得更加突出。不过大家的目光常被较为缤纷多彩的曙光或暮色所吸引，其微妙的美丽常常被忽视掉。地球的暗影穿过厚厚的大气，成为远方地平线附近的暗蓝带。

三、幻日

当太阳高度角比较低，而大气中又有许多冰晶下落时，冰晶形成的透镜将太阳光折射，就可能造成幻日现象。

在右侧的图像中心可以看到真太阳，而在左右两边同时出现了两个发出耀眼的光的明亮的幻日，连接两个幻日的是半圆形的日晕。

四、对日照和黄道光

夜晚来临，太阳的光辉仍然眷顾着我们不肯离去。但此时它是以另一种形式展现在我们的眼前，那就是黄道光与对日照。

最早观测黄道光的人是16世纪丹麦的第谷（Tycho Brahe），他认为那是薄明现象的延长；但就其长度而言，其绝非薄明。按照现代的解释，在太阳周围黄道面附近的宇宙尘分布得比较浓密，这些宇宙尘反射太阳光的现象就是黄道光。Lick天文台的法斯（E.A. Fath）在拍摄黄道光的光谱时，发现其中有些谱线与太阳吸收光谱中的G、H、K线相符，又经偏光观测，证实了黄道光的一部分确有偏光现象，这是黄道光本质上是反射的太阳光的证据。

冬季到春季日落后一个半小时的西天，或秋季到冬季日出前一个半小时的东天，沿黄道可约略看到淡白色舌状的光芒，像是银河，但不是银河，这种现象称为黄道光（zodiacal light）。虽然很多人在天文书上见过黄道光三个字，但实际看过的人可能很少。黄道光的形状有金字塔形、透镜形、鸭嘴帽形，其中心部较为明亮，周边较淡，轮廓模糊不清。黄道光的大小和其光度的强弱，容易受季节和观测地点气象的影响。黄道光的长度，即太阳至黄道光顶点的角距，约为40°~80°，有时达100°之长。底边的宽度，与黄道垂直计量，约为8°~30°。

更显朦胧的对日照是黄道上与太阳相反方向的天空一角出现可见的微光体的现象。对日照（counterglow）于19世纪下半期由布罗森和巴纳德等开始

黄道光

对日照

观测。对日照的轮廓是一个不太明显的椭圆形，朦胧的光斑较黄道光更难看见，实际观测到的人更少。1、2月在巨蟹座，9、10月在双鱼座出现的对日照较为明显和清晰。其约略的大小，对黄道成直角方向的宽度为10°，对着黄道方向为20°。有一个类似对日照的现象，偶尔在月球出没前后发生，称为月球黄道光（lunar zodiacal light）。

思考1：黄道光是怎样形成的？为什么在上文提到的两段时间时黄道光最亮？

目前已确认，黄道光与对日照是太阳系内的流星微尘物质所造成的，但这些微尘天体的分布范围及距离尚未确定，因此对黄道光与对日照的观测，尚需人们努力。黄道光与对日照的观测，以目视的效果最好。由于国外专家和业余观测家的努力，对于太阳系微尘物质的探究已留下了很多宝贵记录。

由于都市发展迅速，黄道光和对日照现在已经很难看见。在灯光通明的都市附近观测黄道光非常困难，必须到没有灯光影响的乡村才能欣赏大自然的这一神奇景象。

实践与思考

活动 1 观测黄道光

活动任务

黄道光的亮度与宽度有一点像银河，但略有星空观察经验的人，就能轻易把两者区别开来。银河的形状比较不规则，而黄道光较为整齐。在没有月光的黄昏，日落后一个小时，当天空逐渐变暗时，黄道光可能会出现，一般可持续一到两个小时，随着接近太阳的明亮部分逐渐下沉，其光度也渐渐变弱。而在凌晨则相反，在日出前约三小时，黄道光便隐约可辨，在东方渐白之前，黄道光最为明亮和美丽。黄道光最亮时可达银河光度的数倍。

观测黄道光，最好在空气澄清、远离都市灯光，并可瞭望东西地平线方向的位置。当有了一定的观测经验后，即使在黄道倾角比较小的季节里，你也可以发现较淡的黄道光。

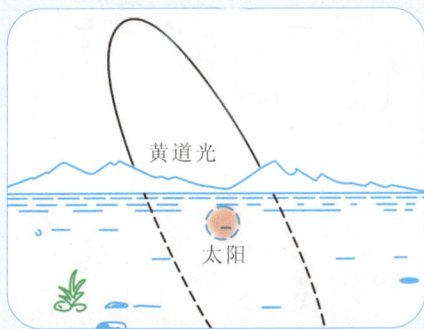

活动准备

黄道星图、铅笔、手电筒、红布。

活动步骤

观测方法：将黄道光的形状和亮度变化描绘在星图上，先画下黄道光的

活动步骤

外围，再画明亮部分的等亮度线，最后把最明亮部分连成中心线，若外形不太明显可用虚线记入。

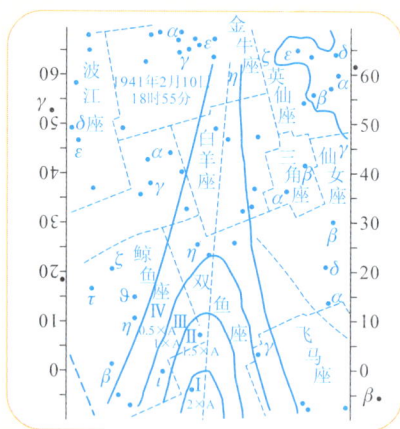

测定黄道光亮度最简便的方式，是与附近的银河亮度进行比较。在星图的等亮度线上标注所使用的参照银河星座代号及黄道光亮度与其亮度的比值，如 $2 \times A$、$0.5 \times A$ 等（见右图）。

参照银河星座表

银河所在星座	星座代号	强度比	亮度/平方度
御夫座	A	100	5.0
天鹅座	C	300	3.8
蝎虎座～仙王座	LC	300	3.8
麒麟座	M	200	4.2
蛇夫座	O	200	4.2

强度比：相当于其附近天空每平方度内十等星的数目，在整理观测数据时可以使用。备注栏记录色彩或值得记录的参考事项，如天空的气象状况等。空气透明度尤其要记载，可按照自己的经验，将最澄清时定为10，有雾气最坏时定为1，亦可利用下列记号：非常稀有的澄清为VVC，非常澄清为VC，佳为C，普通为N，欠佳为RB，不良为B。

由于黄道光范围广大，亮度很弱，不易精密观测，而且明亮度和形状每日都有变化，观测者必须根据自己的视觉判断，忠实地记录。在观测微弱的光芒时，不能直视某一点，而应把眼睛稍微向左右移动，才能容易地看出其整体形状。

观测黄道光时还须注意地球上层大气所发出的夜光（night air glow）。一般来说，夜光较黄道光强，而且布满天空。夜光强度由天顶向地平方向增加，所以不论有无黄道光，在晴朗的夜里，整个星空都会给人相当明亮的感觉。黄道光混在夜光之中，目视观测时很难分开这两种光，所以正确记录实

活动步骤

际情形是最重要的。

太阳活动激烈时，夜光的变化较大，黄道光可能有所变动。夜光强度比较强大时，细心的观测者会立即看出来。所以在一个地点进行长期观测的人，很容易发现变化，应随时记录自己的发现以备日后参考。

活动 2 观测对日照

活动任务

对日照的观测方法与黄道光的观测方法大体相同，观测时间以半夜为最佳，需时约1~2小时。其光度较黄道光弱，在都市附近做对日照观测相当困难，所以必须选择空气澄清的乡村，尤以山中效果最好。记录及星图与黄道光观测所用的相同。

附：对日照每月所观测的天区

1月，双子座

2月，狮子座轩辕十四附近

3月，狮子座与室女座

4月，室女座角宿一附近

5月，天秤座

6月，天蝎座

7月，人马座

8月，摩羯座

9月，宝瓶座与双鱼座

10月，双鱼座

11月，白羊座与金牛座

12月，金牛座与双子座

著名英国天文摄影师
大卫·麦林拍的对日照

对日照与黄道光一样，可能年年有变化，需要长时期的持续观测，不管特别亮或特别暗淡的情况都要记录。整理观测记录时，也要考虑到对夜光及大气减光的修正。夜半观测所需要的修正值最少，所以夜半是最好的观测时间。如果能在每夜同

对日照观测用图

一个时间观测最为理想。目测对日照的明亮度比黄道光还要困难，与银河进行比较的方法并不适用，最好自己订出标准，在一定的地方持续观测，这样才能得到有价值的数据。

黄道光与对日照在太空中的分布简图

黄道光的顶端并没有明确的界限，沿着黄道尚有微弱的光带延续，黄道光的明亮部分西沉后，这个光带仍能看见。对日照亦然，其左右延续于黄道光带。因此，实际上，黄道光、黄道光带、对日照无法进行严格地区分。黄道光带和黄道光、对日照的起源相同，所以黄道光带的实态观测与黄道光和对日照有连带关系。

黄道光带大体上沿着黄道，但有时会出现分枝状的微光带。按照一般解释，黄道光为流星物质的反射光，如有特殊物质群出现，就有可能产生这种微光分支。

在对对日照、黄道光带、分枝微光带进行观测时，应特别注意的是，在条件极佳的夜晚，即使什么也没有看到，也是有价值的。观测时，不论看到

活动任务

或看不到该现象，都要忠实地记录下来。

活动 ③ 摄影实践——拍摄金星带

活动任务

日晕、幻日和极光等现象比较少见，可遇不可求。但是要看到金星带、黄道光、对日照，只需要我们在一个大气比较清洁的地方，赶上一个晴天，便可以进行观测和拍摄了。当然，如果你真的遇到了日晕等现象，也不要错过，一定要把它们拍摄下来。

活动准备

① 一台可手动调节曝光的照相机。

② 选择一个大气相对清洁、视野开阔、并且能看到地平线的观测地点。

活动步骤

一般情况下，拍摄金星带可以不用三脚架。

下面的金星带照片是天文爱好者于2007年9月初在北疆即将日落时，面向东南方拍摄的，光圈5.0，快门速度1/30秒，大家可以参考这一曝光量，并根据自己实际拍摄的季节和当时当地的大气条件来确定。

如果使用数码照相机，可以使用不同的曝光量，并在不同方位多拍摄几张，以比较效果，选取效果好的照片。

活动提示

一定不要忘记记录拍摄的重要参数，包括地点、面对的方位、时间、光圈、快门速度等。

思考2：能否用其他手段有效地拍到美丽的金星带？

活动 4　太阳的主题宣传与观测站点的参观学习

活动任务

通过本书的学习，大家一定对太阳有了更深层次的认识，也制作了一些简单的仪器，拍摄了一些太阳照片。请把你们的成果进行整理，在学校或社区内开展一次以太阳为主题的宣传活动，并且有组织地到太阳观测站点进行参观学习。

活动步骤

❶ 确定主题

太阳给予了人类一切，所以，自古以来世界各民族人民都在用各种方式赞颂太阳、歌唱太阳。无论是在文学作品，还是艺术作品中，关于太阳的作品不胜枚举。请你找一些赞颂太阳的诗词歌赋或描述太阳的文艺作品，开展一次主题活动，和大家一同分享关于太阳的资料。

为活动拟定主题名称，做到具体明确、生动形象。

我拟定的主题：（如：歌颂太阳）_____

❷ 选择内容

根据确定的主题，选择恰当的展示内容和活动内容。

活动步骤

　　内容的选择可以从"广"和"深"两个方面做文章。"广"要求内容全面，"深"要求内容详细、具体、集中。

　　选择活动内容时，不仅要考虑你们能展示什么，还要考虑是否能让大家接受。开展类似的科普宣传活动，要注意内容的深入浅出，形式的喜闻乐见，既要有科学性，又要有教育性和趣味性。只有这样的活动才能受到大家的喜爱和欢迎。

　　建议安排的活动内容有：

　　与太阳有关的诗词、散文、童话、神话；

　　赞颂太阳的歌曲；

　　表现太阳的绘画作品；

　　与太阳有关的谜语、舞台剧、成语、歇后语、谚语、乐曲、照片等。

❸ 筹备资源

　　根据活动的内容和规模，还需要筹备相应的资源。如人力资源——学校、家长、社区领导的支持；物力资源——必要的展品展台、仪器设备；财力资源——制作展板、条幅、宣传品的费用；场地资源——交通便利、环境优美、地势开阔且安全的活动场所等。当然，能具备这些资源最好，没有理想的资源支持，因陋就简、因地制宜也可以开展好活动，关键是要发挥你们的创造力！

❹ 制订方案

　　筹备资源，"磨刀不误砍柴工"，活动前周密的策划安排是必不可少的。方案中人员的分工、活动的程序等内容都要具体而明确。

❺ 实施活动

　　整个组织团队要相互协作、共同参与，搞好宣传活动。

❻ 活动总结

　　活动有哪些成功之处，有哪些不足？大家有何收获体会？待活动结束之后认真总结。在反思中，我们能得到不断的提高。

检测与评估

❶ 在目视观测黄道光时，为什么要选择冬季到春季日落后一个半小时的西天，或秋季到冬季日出前一个半小时的东天？

❷ 试着拍摄出清晰的金星带。

资料与信息

● 蔡章献. 天体观测手册〔M〕. 台北：银禾文化事业公司，1989.

提示与答案

阅读与思考
思考1：略。

实践与思考
思考2：略。

检测与评估
❶ 因为银河的亮度和黄道光的亮度差不多，如果选择的时期不好，使黄道光与银河在同一方向上，黄道光便很难观测到。所以，选择冬季到春季日落后或秋季到冬季日出前进行观测，这时黄道光不是十分接近银河，观测效果最佳。
❷ 略。